语文课本
中的知识精华

YU WEN KE BEN ZHONG DE
ZHI SHI JING HUA

语文课本中的
国家地理

徐井才◎主编

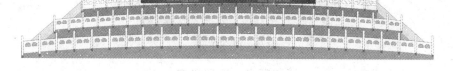

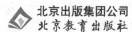

北京出版集团公司
北京教育出版社

图书在版编目(CIP)数据

语文课本中的国家地理/徐井才主编.—北京:北京教育出版社,2012.7
(语文课本中的知识精华)
ISBN 978－7－5522－0766－8

Ⅰ.①语…　Ⅱ.①徐…　Ⅲ.①阅读课－小学－教学参考资料
Ⅳ.①G624.233

中国版本图书馆 CIP 数据核字(2012)第 151081 号

语文课本中的国家地理

徐井才　主编

*

北京出版集团公司
北京教育出版社 出版
(北京北三环中路6号)

邮政编码:100120

网址:www.bph.com.cn

北京出版集团公司总发行
全 国 各 地 书 店 经 销
永清县晔盛亚胶印有限公司印刷

*

710×1000　16 开本　14 印张　300000 字
2012 年 7 月第 1 版　2012 年 7 月第 1 次印刷

ISBN 978－7－5522－0766－8
定价:27.80 元

目录 _Contents_

◆ 城市风光

世界遗产

颐 和 园

 小导游多多的资料袋

北京颐和园，始建于1750年，是我国现存规模最大，保存最完整的皇家园林，为中国四大名园（另三座为承德的避暑山庄、苏州的拙政园、苏州的留园）之一，被誉为皇家园林博物馆。其亭台、长廊、殿堂、庙宇、小桥等人工景观与自然山峦、开阔的湖面相互和谐、艺术地融为一体，堪称中国风景园林设计中的杰作。

1998年12月2日，颐和园被联合国教科文组织列入《世界遗产名录》。1987年被批准为世界文化遗产。

课文再现

《颐和园》（人教版四年级上册）按照游览的顺序记叙描绘了北京颐和园中长廊、万寿山、昆明湖的美丽景观。全文层次清晰，首尾呼应，语言生动优美、具体形象，处处洋溢着作者对颐和园的赞美之情。

小导游多多有话说 <<<<

嗨！大家好！我是你们的小导游多多，读了这篇文章，你是不是被颐和园的优美景观吸引了呢，是不是很想去颐和园看一看呢？下面就让我带领你们看看不一样的颐和园吧！

春游颐和园

　　不是第一次游颐和园了。彼时秋高气爽，阳光灿烂；此时天空阴沉，大雾迷茫。毕竟是春日了，春日的颐和园，应该会和秋日的不同吧。

　　公交车渐渐驶离闹市，路边多是工地，接近终点站——新建宫门，小丘上种着不知名的树。枝干上隐约吐绿，倒是不多的几棵桃树已开得灿烂。一入宫门，视野立刻变得开阔起来，眼前仿佛一张全景照片。因为是阴天，又有大雾，朦胧中南湖岛、万寿山犹如淡淡水墨画，水天连为一体了。

　　信步在十七孔桥上，是一件惬意的事。两边的小狮子，形态各异。细细观察，有正给幼狮哺乳的，幼狮躲在其怀中贪婪吮吸，仅露出一个小脑袋；有正与幼狮玩耍的，幼狮趴在其腿上，母子同乐……

　　有几位老人在放风筝。天空中星星点点的风筝，透过大雾进入我的视线。"儿童散学归来早，忙趁东风放纸鸢"，这些老人，颇有些老顽童的味道了。梁实秋说："放风筝时，手牵着一根线，看风筝冉冉上升，然后停在高空，这时节仿佛自己也跟着风筝飞起了，俯瞰尘寰，怡然自得。"果然是大家，一语中的。老人手中小小的风筝，确是载着一片自己的心情。

颐和园

　　宜芸馆内的书法，是我最为欣赏的。透过玻璃视其中，许多书法挂在正殿和配殿的墙上。终于看清了距离窗口最近的那幅，落款"张百龄"，然后发现很多作品都出自他手。这到底是怎样一个人呢？一时间竟有些好奇了。无论大字还是小字，皆如苍松，遒劲有力。小时候曾习过六年书法，于是不禁用手比划起来。忽然又有些悲哀起来。这满屋的漂亮书法，是否有着"养在深闺人未识"的悲叹？

一走上长廊，我便知道自己要走多久了。奇怪啊，不是才728米么，怎么感觉是一次很长的旅行呢？或许，是身边的山水阁楼景致太多的缘故吧；又或许，是因为头顶的苏式彩绘需要细细品味吧。

走到长廊尽头，左拐右绕，来到了类似江南景致的景区。左岸湖边杨柳，柳条细长，新芽青青，与秋日的柳树差别甚大；右边小丘上迎春花正绚烂开放，小草业已返青。"鸭子！"一个小孩嚷道。我一下子来了精神，跑向离鸭子不远的岸边。原本它在那嬉戏得好好的，我一去，却是惊扰了它，扑棱扑棱便游走了。"春江水暖鸭先知"，忽然间有些明白这句话的意思了。

> 引用诗句，说明此时湖面的情景。

因颐和园太大，我们又都累坏了，因此不能尽兴，于是便到了一个最近的北如意门，出了颐和园。因为是早春，有些冷。而大雾弥漫、春光乍现的颐和园，却留在了我心中。曾经的历史尘埃，都化在了这片春光中；往昔的历史人物不再，留下的只是游园之人的欢乐时光和对昔日意味的感叹。

小导游多多考考你

1. 小朋友，看完这篇文章，你知道作者是按照什么顺序写颐和园的吗？

_____

_____

2. 作者走上728米长的长廊，为什么感觉是一次很长的旅行呢？

_____

_____

小导游多多讲心得

颐和园太大了，我们可以按照游览的顺序来写。描写其他景物，我们还可以运用空间、时间的顺序来写。在写景的过程中我们最好要写出自己的真实感受，是喜欢还是厌恶要表达清楚，让人明白你对景物的看法。

鲁班帮修十七孔桥

相传，在乾隆年间修十七孔桥的时候，有一天，工地上来了一个七八十岁的老头儿，头发长得过耳根，脸上的土有一个铜子儿厚。他背着工具箱，一边走一边吆喝："谁买龙门石！谁买龙门石啊！"工地上的人看他那肮脏劲儿，都以为他是疯子，谁也没搭理他。

老头子在工地上转了三天，也吆喝了三天，还是没人理他。

这个老头儿，背着工具箱离开了工地，往东走到六郎庄一棵大槐树底下。他每天夜里就睡在树底下，鸡叫头遍起身，抡起铁锤，叮叮当当凿那块龙门石。

一天傍黑儿，下起了瓢泼大雨，风吹雨打迷得老头睁不开眼睛。他双手

十七孔桥

抱头，蹲在树底下避雨。正好，在村西住的王大爷打这儿路过，见那个老头畏畏缩缩的样子，挺心疼，就让他搬到自个儿家里来住。

老石匠搬到王大爷家，有房子住，还管饭吃。他整整住了一年，也叮叮当当一天不停地凿了一年龙门石。一天早晨，他对王大爷说："今天我要走了。我吃你的饭，住你的房，你的恩情我一辈子也忘不了。我也没有什么报答的，就把这块石头留给你吧！"王大爷瞅了瞅汉白玉的龙门石，对老头说："你也别说报答不报答。为这块石头，你劳累了一年，还是你带走吧！我要它也没用。"老头说："我这块石头，真要到节骨眼上，花一百两银子还买不到呢！"说完，顺大道往南去了。

> 王大爷的话说明他心地善良。

颐和园里修建十七孔桥的工程快完工了，听说乾隆皇帝还准备前来"贺龙门"呢！没料想到，桥顶正中间最后那块石头，怎么也凿不好、砌不上。这可急坏了工程总监！这时，有人想起了那个卖龙门石的老头子，总监就派人四面八方去找他。

工程总监打听到那个老石匠在六郎庄住过，就亲自来到王大爷家。他一眼看到窗底下那块龙门石，就蹲下来量了量尺寸，结果是长短薄厚一分不差，就好像专为修桥琢磨的一样。总监高兴得合不拢嘴，对王大爷说："这是天上下来神人专为修桥凿的，可救了我的急啦！你张口吧，要多少银子我支付多少。"王大爷说："你也别多给，那老石匠在我家吃住了一年，你就给我一年的饭钱吧！"总监听说，留下一百两银子，就把龙门石运走了。

这块龙门石砌在十七孔桥上，不偏不斜，严丝合缝，龙门合上了！

那些石匠、瓦匠们，人人都吐了一口气：总算把石桥修成了呀！要不然，皇上怪罪下来，还有大伙的活路吗？正当大伙高兴的时候，有个老石匠忽然醒悟过来，对大伙说："诸位师傅现在该明白了：这是鲁班爷下界，帮咱们修桥来啦！"

从这以后，鲁班爷帮助修建十七孔桥的故事，就流传开啦。

1.故事讲完了，文中的王大爷是一个什么样的人呢？

_____

_____

2.小朋友，那个老头儿凿的龙门石和十七孔桥有关系吗？为什么？

_____

_____

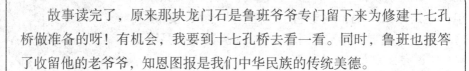小导游多多讲心得

　　故事读完了，原来那块龙门石是鲁班爷爷专门留下来为修建十七孔桥做准备的呀！有机会，我要到十七孔桥去看一看。同时，鲁班也报答了收留他的老爷爷，知恩图报是我们中华民族的传统美德。

小小资料箱

故 宫

　　故宫位于北京市区中心，旧称紫禁城。是明清两代的皇宫。我国现存规模最大最完整的古建筑群。始建于明永乐四年至十八年（1406-1420），后经多次重修与改建，仍保持原有布局。占地72万多平方米，建筑面积约16.3万平方米，楼宇约8700余间，周围宫墙高10余米，长约3千米，四脚矗立风格绮丽的角楼，墙外有宽52米的护城河环绕。整个建筑群气势宏伟豪华，布局开阔对称，内外装饰壮丽辉煌，是我国古代建筑艺术的精华。1987年被列入《世界文化遗产名录》。

长 城

小导游多多的资料袋

长城是古代中国在不同时期为抵御塞北游牧部落联盟进扰而修筑的规模浩大的军事工程的统称。长城东西绵延上万华里，因此又称作万里长城。现存的长城遗迹主要为始建于14世纪的明长城，西起嘉峪关，东至辽东虎山，全长8851.8千米，平均高6至7米、宽4至5米。长城是我国古代劳动人民创造的伟大奇迹，是中国悠久历史的见证。它与天安门、兵马俑一起被世人视为中国的象征。

课文再现

《长城》（人教版四年级上册）一文是按照由远及近的顺序介绍长城的，描写了长城的高大坚固和雄伟壮观，赞美了我国劳动人民的勤劳、智慧和力量，抒发了作者的民族自豪感和对祖国的热爱之情。

小导游多多有话说 <<<<

嗨！大家好！我是你们的小导游多多，读了这篇文章，你是不是被长城的气势震撼了呢？常言说得好：不到长城非好汉！你是不是很想去攀登一下万里长城啊？下面就让我带领你们欣赏一下长城的风采吧！

我心目中的长城

　　长城，是我早已向往的去处。暑假里，我如愿以偿饱览了中华民族古老的长城风光。

　　八达岭耸立在北京西郊，远望起伏连绵，近看山岭陡峭。长城盘旋在山梁上，像腾飞的龙。站在长城上往下看，只见停车场的一辆辆轿车如甲虫，一个个行人如蚂蚁。往上仰望，蓝天白云，烽火台傲然挺立。登长城看起来容易，爬起来却气喘吁吁，好不容易才走到好汉坡，大家都累得汗流满面。妈妈说："不到长城非好汉，到了长城不自满。"听了妈妈的鼓励，我又坚持往上登，终于登上了八达岭长城高处——烽火台。爸爸告诉我：这是古代秦朝，为了防御匈奴的进扰，劳动人民用肩挑手搬，用砖石砌成的。以后逐渐连成了万里长城。我们的心情都很激动，从不同角度，选取不同的景点，拍下了十多个镜头。

　　站在长城上，我浮想联翩：两千多年前，在那么恶劣的条件下，劳动人民就能烧出那么质好量多的火砖，砌成了坚实的城墙，实在是了不起！我们要弘扬中华民族吃苦耐劳、艰苦奋斗的精神，把祖国的各行各业建设得蒸蒸日上、欣欣向荣。

> 联想丰富，表达了对古代劳动人民的赞美之情。

　　长城，被联合国教科文组织列为世界文化遗产。我们要保护好长城，更要弘扬中华民族的历史文化。我今年11岁了，我要好好学习，天天向上，长大了要成为祖国的栋梁之材，为祖国的繁荣富强、为世界的和平发展，贡献自己的力量。

　　长城是我国古代劳动人民创造的奇迹。自秦始皇开始，修筑长城一直是一项大工程。据记载，秦始皇使用了近百万劳动力修筑长城，占全国人口的二十

长 城

分之一！当时没有任何机械，全部劳动都得靠人力，而工作环境又是崇山峻岭、峭壁深壑。可以想象，如果没有大量的人民进行艰苦的劳动，是无法完成这项巨大工程的。

长城连续修筑时间之长，工程量之大，施工之艰巨，历史文化内涵之丰富，确是世界其他古代工程所难以相比的。美国前总统尼克松在参观了长城后说："只有一个伟大的民族，才能造得出这样一座伟大的长城。"所以说，长城作为人类历史的奇迹，列入《世界文化遗产名录》，是当之无愧的。

长城，是我们中国的一条长龙，是中国历史悠久的有效见证。所以我们要到长城去玩。这也验证了"不到长城非好汉"的含义。

1. 小朋友，读完这篇文章，你知道作者是按照什么顺序描写长城的吗？

_____

2. 你是怎样理解尼克松总统说的"只有一个伟大的民族，才能造得出这样一座伟大的长城"这句话的？

_____

_____

 小导游多多讲心得

万里长城实在太长了，太雄伟壮观了！我们可以按照游览的顺序来写。描写其他景物，我们还可以按照空间、时间的顺序来写。在写景的过程中，我们可以展开联想，写出自己的真实感受，让读者与你产生共鸣。

山海关

在渤海之滨、燕山之麓的长城上，有一座雄伟的城楼，依山傍海，十分壮观。这就是历史名关——山海关，世称天下第一关。

山海关位于华北与东北的交界处，北倚群峦叠翠的燕山，南接烟波浩渺的渤海。远古时期这里属幽州碣石，是中原与东北少数民族政治、经济交往的交通要道。到了中古时期，又成为兵家争夺的战略要地。前人曾以"两京锁钥无双地，万里长城第一关"的诗句，来形容其险要。

引用诗句，用来表达山海关位置的重要和险要。

山海关东门城楼上悬挂着"天下第一关"匾额，这五个字每字高达1.6米，笔力顿挫凝重，雄劲浑厚。匾额的艺术风格与关山险隘的建筑格局十分谐调，使整个城楼显得更加奇特俊秀。

登上"天下第一关"城楼，南眺渤海，白浪滔天，烟波浩渺；北登长城，蜿蜒起伏，气势磅礴。那边连绵起伏的城墙上，每隔几百米，就有敌台高耸。在城楼上，俯瞰附近敌楼、烽火台，凝视城楼内陈列的兵器盔甲的寒光，顿时感到关高城重，壁垒森严，仿佛置身于古代战场。

在山海关附近，还有根据历史传说修建的孟姜女庙。据传说，孟姜女跨过万水千山为丈夫送寒衣，当来到修长城的工地时，听说丈夫已经累死，顿时悲痛欲绝，一连三天三夜，将一段长城哭倒。后人为了纪念她，便修了孟姜女庙。千百年来，孟姜女哭长城的诗文、戏曲、传说、唱本广泛流传，给长城古关增添了悲壮色彩。

从孟姜女庙向东南沧海中眺望，有一组暴露出海面的奇形礁石，其中有一块类似人形的巨大礁石耸立在沧海中，这就是民间传说的"姜女坟"。据史书记载，中国历史上有几个帝王，像统一中国的秦始皇嬴政、汉武帝刘

山海关

彻、魏武帝曹操、唐太宗李世民，都曾到过碣石这个地方，留下了著名的遗迹和诗篇。1986年，在山海关外15千米处濒临渤海的绥中县万家乡发现了秦汉大型宫殿遗址群。据考察推断，这遗址很可能是秦始皇东巡时的行宫。秦始皇行宫遗址的发现，"东临碣石"千古之谜被揭开。据考古学家考证，"姜女坟"就是历史上赫赫有名的"碣石"。这一发现，使山海关胜境更增魅力。

1.山海关地理位置重要的原因是什么呢？

_____

_____

2.文章中讲到很多典故，作者的用意是什么呢？

_____

_____

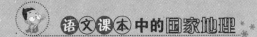

小导游多多讲心得

"东临碣石，以观沧海。"是曹操的名句。看了这篇文章，我知道了"碣石"原来是"姜女坟"啊！文人墨客在游览壮丽的山河时，总会豪言壮语抒发情感，这就是借物抒情。

秦兵马俑

 小导游多多的资料袋

秦始皇兵马俑坑位于西安市临潼区城东6千米的西杨村南，西距秦始皇帝陵1225米，是秦始皇陵园中最大的一组陪葬坑，坑中所埋藏的浩大俑群是秦王朝强大军队的缩影。 出土的各类陶俑，按照不同身份分为将军俑、军吏俑、武士俑等几个级别，其服饰、冠带、神姿各不相同，千姿百态，几千件俑没有一张相同的脸。这充分体现了我国古代劳动人民的聪明智慧和中国古代文明史上的伟大创造，深受世界各国人民的喜爱，被誉为"世界第八大奇迹"、20世纪考古史上最伟大发现，被联合国教科文组织列入《世界文化遗产名录》。

课文再现

《秦兵马俑》（人教版四年级上册）这篇课文生动地描绘了秦兵马俑规模宏大、类型众多和个性鲜明的特点，反映了中华民族的聪明才智，表达了作者对光辉灿烂的中华民族艺术的热爱。

小导游多多有话说 <<<<

嗨！大家好！我是你们的小导游多多，读了这篇文章，你是不是被那气势磅礴、规模宏大的地下文物宝库吸引了呢？是不是很想一睹那神态各异的兵马俑呢？下面就让我带领你们欣赏一下这支神奇的威武之师吧！

游秦始皇兵马俑

这里便是秦始皇兵马俑博物馆。虽说透着一丝古香古色的气息，但是仍然能感觉出刀光剑影的寒气。今天，我们一行人就是专程来参观这里的。

我早早就听说过秦始皇兵马俑的雄伟和壮观，但是不亲临其境还是难以体会到这种叹为观止的壮丽。我们一进大门口，就匆匆赶到了一号坑。据说一号坑中的兵马俑数量最多，而且秦始皇兵马俑就是在这里被发掘的。

我刚刚迈进一号坑，就被惊呆了：面前是一个长一千米，宽半千米的长方形大坑，坑的四条边都被栅栏围上了，栅栏的另一边是一条两米宽的供游客参观的小路。我抬头往上望去，这里简直就像一个巨型的蔬菜大棚，房顶好像是用一条条钢筋编织而成的，上面还盖上了猩红色的钢板，近十条类似施工用的铁架子把房顶分割成了十块儿，每一块儿都有一个可以透进阳光的长方形小洞，温暖的阳光从中斜斜地射了进来，照亮了位于坑底的兵马俑。

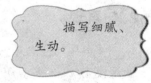

描写细腻、生动。

兵马俑不愧为世界第八大奇迹。我的正前方整整齐齐地排列了三排威武的"士兵"，每一排大概有二三十个，神态各异，全都面向前方，似乎正在为后面的军队开路。后面便是竖着的一排排齐人高的土山似的战壕，战壕之间零零散散地站着几个士兵，同样是面向前方。在他们的正前方偏右一点，竖着一个牌子，上面写着"打井位置"。第一个兵马俑就是从这里发掘的。

我们顺着小路慢慢向前走，来欣赏这一千多个兵马俑。有些兵马俑掉了脑袋，只剩下一架躯体，还有些肩膀也掉了。最惨的是位于右边的几个兵马俑，生生地变成了"残疾人"。这里的兵马俑大部分都保存完好，并且排列整齐，就像一支真的皇家军队，正在威武地向敌人进发。

我们顺着小路继续往前走，我的腿肚子已经有些酸。在一号坑的后面，几匹马在一个断了手的马夫的指引下朝前威武地屹立着。这些马，毛皮光滑，脑袋高高地扬着，全部是上等的好马。在这些马的前方，有两辆漂亮华丽的马车，由四匹马拉着，顶棚上似乎还有一些花纹，我可以想

秦始皇兵马俑一号坑

象出这辆马车刚刚制造出来时是多么的美观。正在我沉醉于这两辆马车时，我们已经到了二号坑的入口。二号坑相比之下就小多了，并且光线非常暗，这里大部分都是一些首脑人物，大部分将军都在这里安置着。我们没有在这里停留多久，就直接走向了三号坑。

三号坑的结构很复杂，但是兵马俑却很少。据导游介绍，这里的大部分兵马俑还没有被挖掘，远处盖着塑料布的地方就是已经发现了，但未被挖掘出土的兵马俑。我顺着她的手指往那儿看，竟然看见了一个半截身子埋在土里只露着脑袋的马匹。

我们又看了兵马俑的介绍，逛了逛小商店，买了一些带有纪念意义的微型兵马俑，便迈出了秦始皇兵马俑博物馆的大门。

回头再望望这古香古色的大门，我真是感慨万千。五千年的文明古国，孕育出了多少勤劳智慧的人民！这些兵马俑，不仅仅是一件件艺术品，还是人类智慧和文明的结晶，象征着我们泱泱古国的灿烂文化。看着这些兵马俑模型，我真为我是一个中国人而感到自豪。

小导游多多考考你

1.同学们，看完这篇文章，我们知道作者是按照游览的顺序写的，请你用曲线画出有关体现游览顺序的句子来。

2.为什么秦兵马俑不仅仅是一件件艺术品呢?

_____

_____

小导游多多讲心得

　　作者按照游览的顺序写了参观秦兵马俑的经过。当具体描写兵马俑时,我们还可以按照从整体到局部、由近及远等顺序来写。在写景的过程中我们要写出自己的真实感受,可以利用夹叙夹议的方法来表达自己的感受。

秦兵马俑的彩绘工艺

　　兵马俑多用陶冶结合的方法制成,先用陶模做出初胎,再覆盖一层细泥进行加工,刻画加彩,有的先烧后接,有的先接再烧。其实当年的兵马俑每个都有鲜艳和谐的彩绘。我们在发掘过程中发现:有的陶俑刚出土时局部还保留着鲜艳的颜色,出土后由于空气干燥,颜色就慢慢地脱落了。现在能看到的只是残留的彩绘痕迹。兵马俑的车兵、步兵、骑兵列成各种阵势。整体风格浑厚、健美、洗练。如果仔细观察,脸型、发型、体态、神韵均有差异,陶马有的双耳竖立,有的张嘴嘶鸣,有的闭嘴静立。所有这些秦始皇兵马俑都富有感染人的艺术魅力。

　　运用多种说明方法使所要说明的事物更加具体化,以便读者理解。

　　大凡参观过兵马俑的人们,对于少数陶俑脸部残留的彩绘或许还记忆

犹新。陶俑的战袍上绘有朱红、橘红、白、粉绿、绿、紫等颜色。裤子绘有蓝、紫、粉紫、粉绿、朱红等颜色。甲片多为黑褐色，甲胄和连甲带多为朱红。同时也有一部分甲胄、连甲带绘成紫色。陶俑的颜面及手、脚面颜色均为粉红色，表现出肌肉的质感。特别是面部的彩绘尤为精彩，白眼角，黑眼珠，甚至连眼睛的瞳孔也彩绘得活灵活现。陶俑的发髻、胡须和眉毛均为黑色。整体色彩显得绚丽而和谐。同时陶俑的彩绘还注重色调的对比。从个体看，有的上着绿色长襦，下穿绿色短裤。再从整体来看，如探方20战车后的一排陶俑，第一个身着红袍，第二个身着绿袍，第三个身着紫袍，第四个身着白袍。不同色彩的服饰形成了鲜明的对比，更加增强了艺术感染力。

　　陶马也同样有鲜艳而和谐的彩绘。如探方20出土的一组陶马，其局部仍然保留着鲜艳的色彩。四匹马似为白蹄枣红马，但是在局部用色方面又有明显的区别。如马躯体部分为枣红色，前体腔及肚皮部位为绿色，生殖器则绘为黑色。马腿表面也是枣红色，内面为粉绿色，蹄为白色。马前腿内侧的两个小夜眼（俗称）也绘为白色。马头部的颜色更是精心彩绘，两腮及眼睛以下部位为白色，鼻梁枣红色，鼻孔为粉红色，嘴唇下部亦为枣红色，舌苔则为粉

将军俑

红色，牙齿又绘为白色，马鬃、马尾均为黑色。总之，陶马的色彩既逼真又艳丽，使静态中的陶马形象更为生动，更具有艺术魅力。

　　兵马俑体现了我国古代人民的智慧，中国古代人民的智慧不可低估，而兵马俑更是全世界的一个奇迹，他让外国人赞叹，让中国人骄傲！

小导游多多考考你

1.为什么我们现在看到的秦兵马俑都是灰色呢？

_____

_____

2. 同学们，你认为陶俑、陶马的色彩各有什么特点？为什么那么具有艺术魅力呢？

_____

_____

小导游多多讲心得

　　同学们，原来灰不溜秋的陶俑还具有那么鲜艳和谐的色彩。读了本文，你一定感觉到了我们古代劳动人民在彩绘方面的智慧。作为一个中国人，怎么不由衷感到自豪呢？

小小资料箱

秦兵马俑的彩绘工艺

　　秦始皇陵兵马俑是什么时候建立的？

　　从秦俑坑出土兵器的刻记年号看，兵马俑从葬坑是秦始皇统一中国前后修建的。秦始皇凭借他"挥剑决浮云"、"大略驾群才"的能力，灭六国，统天下。兵马俑反映了秦王朝兵强马壮、叱咤风云的气势。秦始皇死后，秦二世胡亥继位，继续大修阿房宫和驰道，赋税徭役比以前更为繁重，从而引起农民大起义。

莫高窟

 小导游多多的资料袋

莫高窟，俗称千佛洞，被誉为20世纪最有价值的文化发现、"东方卢浮宫"。坐落在河西走廊西端的敦煌，以精美的壁画和塑像闻名于世。现有洞窟492个，壁画4.5万平方米、泥质彩塑2415尊，是世界上现存规模最大、内容最丰富的佛教艺术圣地。近代发现的藏经洞，内有5万多件

古代文物，由此衍生专门研究藏经洞典籍和敦煌艺术的学科——敦煌学。1961年，被公布为第一批全国重点文物保护单位之一。1987年，被列为世界文化遗产。

课文再现

《莫高窟》（苏教版五年级上册）用生动形象的语言描述了莫高窟里精美的塑像和惟妙惟肖的壁画，以及敦煌莫高窟在世界文化史上的突出地位，赞扬了我国古代劳动人民的无穷智慧和伟大创造力。

小导游多多有话说 <<<<

嗨！大家好！我是你们的小导游多多，读了这篇文章，你是不是被莫高窟精美的塑像吸引住了呢？在我国甘肃东南有一个著名的石窟，叫莫高窟，也叫"千佛洞"。相传前秦建元二年乐尊和尚开始凿窟造像，经历隋唐以至元代，均有修建。下面，我们就一起欣赏这座石窟灿烂辉煌的艺术文化吧！

课外 链接

莫高窟的千年壁画

公元前138年，汉武帝派张骞出使西域，开通了内地与中西亚之间举世闻名的"丝绸之路"。丝路带去了中国的丝绸，带回了西亚的苜蓿和葡萄；带去了我们的造纸、印刷技术，带回了国外的音乐、舞蹈、饮食。发源于印度的佛教也随丝路传入我国。那时的敦煌，地处丝路南北三路的分合点，是一座繁华的都会，贸易兴盛，寺院遍布，融合了东西方艺术的佛教石窟也在敦煌生根、发芽。

采用追溯历史的手法衬托作者朝圣的心理。

带着犹如朝圣般的心情，我们爬上长长的栈道，在手电筒微弱的光线中，莫高窟1200多年积蓄的宝藏一一呈现在眼前。

洞窟的四壁尽是与佛教有关的壁画和彩塑，肃穆的佛影、飘舞的飞天……神秘庄严的气氛，令人屏声敛息。最引人注目的，要数其中数量庞大、技艺精湛的壁画艺术。

莫高窟的壁画上，处处可见漫天飞舞的美丽飞天——敦煌市的城雕也是一个反弹琵琶的飞天仙女的形象。墙壁之上，飞天在无边无际的茫茫宇宙中飘舞，有的手捧莲蕾，直冲云霄；有的从空中俯冲下来，势若流星；有的穿过重楼高阁，宛如游龙；有的则随风漫卷，悠然自得。

画家用那特有的蜿蜒曲折的长线、舒展和谐的意趣，呈献给人们一个优美而空灵的想象世界。炽热的色彩，飞动的线条，在这些西北的画师对理想天国热烈和动情的描绘里，我们似乎感受到了他们在大漠荒原上纵骑狂奔

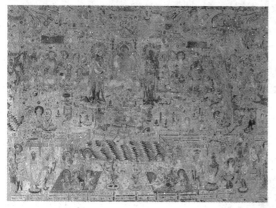

千年壁画

的不竭激情，或许正是这种激情，才孕育出壁画中那样张扬的想象力吧！

莫高窟外，无边无际的大漠折射着骄阳刺眼的光芒。登上鸣沙山，脚下沙丘林立，风沙绕山吹过，轰鸣作响，弯弯的月牙泉静静地躺在山脚。曾经繁盛的敦煌古城如今也只有残垣断壁了，风沙掩埋了岁月，掩埋了古老的丝路，却无法湮灭这里悠久的历史与灿烂的文化。那凝聚着千年人类智慧的莫高窟，将会不断吸引后来者的想象与探寻。

小导游多多考考你

1.同学们，你能说说莫高窟开凿的历史吗？

_____

_____

2.读了本文，你有什么收获？

_____

_____

_____

小导游多多讲心得

文章读完了，那神奇的飞天艺术深深地感染了我们。我们不仅要感谢画家神奇的想象和炽热的激情，更要感谢作者优美的文笔，是他们让我们有了想去莫高窟游览的欲望。

敦煌莫高窟的由来

千佛洞

敦煌是丝绸之路上的著名重镇和咽喉要道，从内地到西域经过这里，再分南北两路，南路出阳关，北路出玉门关。汉元鼎六年在此设敦煌郡。前秦建元二年，乐尊和尚在鸣沙山创建了莫高窟最早的洞窟，以后历代累有增加，成为我国一处由建筑、绘画、雕塑组成的综合艺术宝库。

1900年，在莫高窟内发现了已经被封存了900多年的藏经洞，使敦煌更加蜚声海内外。

莫高窟俗称千佛洞。位于敦煌市东南、鸣沙山东麓的崖壁上，洞窟长1600米，分上下两层，现存洞窟492个，彩塑2400多尊，是我国现存规模最大、内容最丰富的石窟艺术宝库。说起它的由来，还有一段神奇的传说呢。

古时，有一位来自中原的和尚，名叫乐尊，西游来到敦煌鸣沙山时，正值夕阳西下，橘红色的夕阳照在对面三危山上，由于山上云母矿石的作用，使夕阳下的三危山发出耀眼的金光。乐尊看去，似有千万尊金身佛像显现。他认为这里是佛祖选中的圣地，应该在此修建庙宇，供奉佛祖。

却说当时的敦煌没有人烟，满目荒凉，乐尊又是一个身无分文的贫僧，只好凭着一张嘴和两条腿四处化缘，募集财物。他花了两年多的时间，走遍了河西走廊的村村寨寨，但募集的钱财还不够开挖两口井的开销，这使他十分焦急。他想，自己已是年过花甲的人了，黄土都埋到了胸口，照这样的进度化缘下去，恐怕到下辈子也化不够一个洞穴的花费，所以很气馁。

第三年深秋的一天傍晚，乐尊和尚化缘来到马蹄山下。这里前不着村、后不着店，他又冷又饿，就在一条清溪边的草地上坐了下来，啃完了一个干馍，在溪里喝了一点儿泉水，由于实在太累，便把化缘来的银两枕着脑袋，在草地上睡着了。

也不知过了多久，他只觉得浑身冰冷，醒来一看，原来自己躺在已经冰冻起来的溪水里，装银两的袋子却已不翼而飞。乐尊和尚想到辛辛苦苦花了一个多月化缘来的银两被人盗走，不禁潸然泪下，顿时产生了寻短见的念头。他来到一棵古杨下，解开腰带准备自缢，谁知刚把腰带搭到杨树杈上，一只斑斓猛虎来到了他面前，咬着他的衣服，朝背上一甩，就往山窝里跑，乐尊和尚伏在虎背上，吓得冷汗直冒，顷刻间便不省人事了。

没半袋烟工夫，老虎把乐尊和尚丢在了一个石洞口，然后跃上了洞口顶上的巨石，居高临下地望着他。乐尊和尚被摔醒了，见老虎并没有伤他之意，便镇静下来了，掉过头来，发现自己身边躺着两具血肉模糊的男尸，旁边放着10个鼓鼓胀胀的布口袋。仔细一看，自己刚才丢失的那个装银两的口袋也在其中。他壮着胆子把布口袋打开一看，里面装的都是金银财宝。常言道：君子爱财，取之有道。更何况乐尊是个出家人，他只拿了自己的那个装银两的口袋便转身离开了石洞口。谁知才走两步，卧在石洞顶部巨石上的老虎一下扑了过来，挡住了乐尊和尚的去路，乐尊又一次被吓昏过去。待到乐尊和尚醒来，已是旭日东升，他已经躺在暖烘烘的鸣沙山下，10个装金银财宝的口袋都在他身边。这时，乐尊和尚才明白了老虎的用意，他便把这些金银财宝全部收下了。

> 此描写真实地再现了当时的场景。

第二年春天，乐尊和尚请来了能工巧匠，在鸣沙山东麓的悬崖上开凿了第一个石窟，内供释迦牟尼像，从此香火不断。后来，乐尊和尚由于年事已高，无病而终。

许多年后，又有法良禅师东来至此，于乐尊所开石窟之侧，又凿新窟。以后，往来于丝绸之路的王公贵族为求佛祖保佑，也相继在此开凿佛龛，规模不断扩大。

小导游多多考考你

1.同学们，老虎为什么没有吃乐尊和尚？

_____

_____

2.丝绸之路上的王公贵族为什么也要不断开凿佛龛呢?

_____

_____

小导游多多讲心得

文章读完了,那古老的传说为莫高窟染上了一层神秘色彩。和尚的虔诚、老虎的善意,铸造了第一个石窟,商贾的愿望也都蕴含在石窟之间,如此古老而神秘的地方,怎不令我们向往呢?

小小资料箱

飞 天

唐代飞天更为丰富多彩,气韵生动,她既不像希腊插翅的天使,也不像古代印度腾云驾雾的天女,中国艺术家用绵长的飘带使她们优美轻捷的女性身躯漫天飞舞。飞天是民族艺术的一个绚丽形象。提起敦煌,人们就会想到神奇的飞天。壁画上的飞天,有的臂挎花篮,采摘鲜花;有的怀抱琵琶,轻拨银弦;有的倒悬身子,自天而降;有的彩带飘拂,漫天遨游;有的舒展双臂,翩翩起舞……看着这些精美的壁画,就像是走进了灿烂辉煌的艺术殿堂。

黄 山

 小导游多多的资料袋

黄山是中国著名风景区之一，世界游览胜地，位于安徽省南部黄山市。天都峰位于黄山东南，西对莲花峰，东连钵盂峰，与光明顶、莲花峰并称三大黄山主峰，为36大峰之一，海拔1810米。古称"群仙所都"，意为天上都会，故取名"天都峰"。此峰特色是健骨竦桀，卓立地表，险峭雄奇，气势博大，在黄山群峰中，最

为雄伟壮丽。据山志载，唐代岛云和尚曾历经千险，从东侧攀崖，始至峰顶。他是现存文字记载中登上天都峰的第一人。

课文再现

《爬天都峰》（人教版三年级上册）是一篇记叙文。主要写了暑假里，爸爸带"我"去爬天都峰，"我"与一位素不相识的老爷爷相互鼓励。一起登上天都峰的事。从中我们可以体会到天都峰对人们的吸引力之强大。

 小导游多多有话说 <<<<

嗨！大家好！我是你们的小导游多多，读了这篇文章，你是不是也有了爬天都峰的冲动呢，是不是很想去欣赏一下天都峰云海的美丽呢？下面就让我带领你们去鲫鱼背上观赏天都峰云海吧！

课外 链接

天都峰探险

天都峰

好不容易来到了黄山，当然也要去天都峰探险一番啦！俗话说得好，"不登天都峰，等于一场空"。由于天都峰有黄山第一险山之名，太过危险，曾经封山五年。我们这一群新一代探险家当然要去冒一下这个险了。

来到了登山入口，有很多矫健的冒险家已经开始登山了。那些探险者们一个挨一个的用尽九牛二虎之力往上攀登，形成了一条长龙。

我们也做好了攀登准备，一手拄着拐杖一手扶着云梯的栏杆，用尽吃奶的力气往上攀爬。云梯蜿蜒曲折延伸到1810米高的山顶。

我们来到了鲫鱼背，十分顺利地通过了。真是老天开眼，早晨我们虽然没有看到日出全过程，但这云雾却帮我们遮住了悬崖下面狭窄的大峡谷，使我们感到惊而不险。不久，我们也征服了小心坡，这两个令人谈之色变的地方都成了我们的"战利品"。

登上了最高峰，就看到了黄山秀丽的风景。莲花峰、光明顶在云雾中若隐若现，在其他山峰登山的人们如同一群蚂蚁在向上蠕动。

俗话说"上山容易下山难"，当我们下山时，有很多同学几乎吓哭了。下山的路的确很难走，山路又险又陡，坡度都有90度了。我一边走一边纳闷：四周都是悬崖峭壁，他们是怎么用水泥把这云梯驾到山上来的呢？<u>我不禁惊叹于黄山人民的智慧了</u>。这是黄山劳动人民智慧与血汗的结晶。为了更好地招待我们这些游客，他们不辞辛劳甚至不惜生命去建造这些云梯。黄山人民是热情纯朴善良的，他们热爱自己的家乡，热爱黄山。当我看到挑百斤重石上山的挑山工时，我就越来越有精神，越走越有劲。

自从这次黄山探险之后，我无论遇到什么困难都能克服，不畏困难艰险走向明天。

> 由衷抒发自己的感慨，使文章中心更加深入。

 小导游多多考考你

1.小朋友，看完这篇文章，你知道作者爬天都峰是按照什么顺序吗？

_____

_____

2. 你知道为什么"不登天都峰，等于一场空"吗？

_____

_____

 小导游多多讲心得

　　作者按照游览的顺序来写了爬天都峰的经过，在文中一些地点转换的句子很明显，如：来到了登山入口、我们来到了鲫鱼背、我们也征服了小心坡……在游览过程中我们可以表达自己的真实感受，让读者与你共鸣。

鲫鱼背的传说

同学们，你去过黄山吗？攀登过天都峰吗？天都峰海拔1810米，是黄山第三高峰，也是黄山72峰中最险峻的一峰，被称作"天上都会"。

在通往天都峰顶的过程中，有一段最为险要的必经之路，那就是鲫鱼背。鲫鱼背实际上是一座石矼（石桥）。此石矼长约30米，宽仅1米，两边都是万丈悬崖，它的形状颇似出没于波涛之中的鲫鱼之背，因此而得名"鲫鱼背"。到了这一段，尽管两旁有铁链护卫，但人行其上，耳听山风呼啸，脚踩狭陡险径，再胆大者也会胆战心惊，不寒而栗。

> 句子生动形象，突出了鲫鱼背的惊险。

说起鲫鱼背这个名字，还有一段有趣的故事呢！

相传在遥远的古代，有一条鲫鱼，每年都要

鲫鱼背

跟着鲤鱼去黄河跳"龙门"。他听说鱼只要跳过"龙门"，就能变成龙。谁不愿意变成龙呢？鲫鱼当然也不会放过这个机会。可是他不知跳了多少次，总也跳不过去，于是就去请教神仙。神仙告诉他："你必须为人间办一件好事，积了功德，才可以跳过龙门。"

"怎样才能为人间办一件好事呢？"小鲫鱼边游边想，不知不觉游到了号称"黄海"的黄山，他抬头一看通往天都峰的道路被一条峡谷割断，云水阻隔，游人无法攀登，就自言自语地说："这里多么需要搭一座桥啊！"于是，他就游到了峡谷间的云水中，耸起脊背，给游人当桥。千百年过去了，也不知有多少游人从他脊背上走过，去饱览天都峰顶的无限风光。有一天，那位指点他的神仙突然来到天都峰上，对他说："小鲫鱼，你已积满了功德可以去跳龙门变成龙了。"但这时小鲫鱼已改变了主意，他愿一辈子为天都峰的游人服务，再也不想去跳什么"龙门"了。

小导游多多考考你

1. 同学们，你知道文中的小鲫鱼有什么特点吗？

_____

_____

2. 小朋友，那条小鲫鱼跳过龙门了吗？为什么？

_____

_____

小导游多多讲心得

故事读完了，原来那座窄窄的石桥是想跳龙门的鲫鱼化成的呀！多善良的小鲫鱼啊！有机会，我一定要去看一看。那条功德圆满的鲫鱼心甘情愿一辈子为游人服务，这是多么美好的心灵啊！助人为乐是我们中华民族的传统美德，我们要把它发扬光大。

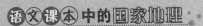

📖 **小小资料箱**

为什么黄山被称为道教圣地?

　　黄山方圆250千米,自古为道教名山。在黄山南部朱砂峰下的慈光阁,明万历年间曾盛极一时。原址尚存部分楼房,中华人民共和国建立后建为宾馆。1965年董必武笔书"慈光阁"。海拔1340米的半山寺在黄山南部的老人峰与朱砂峰间,原寺已圮,1957年重修,有刘伯承所题匾额。

庐山

 小导游多多的资料袋

庐山景色优美，自古以来就有"匡庐奇秀甲天下"的赞誉。庐山是我国著名的佛教圣地。庐山更是一座名人山，历代许多帝王和文人到庐山游历。相传夏禹王疏九江来过庐山；秦始皇南巡时也曾登临；陶渊明、李白、杜甫、白居易、范仲淹、苏轼、陆游、王阳明等历  代大文豪都曾纷纷赋诗填词；岳飞、文天祥、李时珍、徐霞客等亦曾到此游历。山上的历代名家书法、碑刻也均有很高的艺术价值，是我国旅游文化的瑰宝。

课文再现

《庐山的云雾》（苏教版三年级下册）是一篇描写景物的文章，作者紧紧抓住庐山云雾的神奇绝妙，运用联想、比较和比喻等方法，用优美的语句、传神的文字，描绘了庐山云雾秀丽多姿、神奇多变的景观。作者借景抒情，把对庐山云雾的赞美、对祖国山河的热爱之情表达出来，全文的字里行间都融入了作者的情感，浓而不俗，含而不露。

小导游多多有话说 <<<<

　　嗨！大家好！我是你们的小导游多多，读了这篇文章，你是不是被庐山缥缈的云雾景观吸引了呢，是不是很想去庐山看一看呢？下面就让我带领你们去享受那腾云驾雾、飘飘欲仙的感觉吧！

课外链接

庐山云雾

古往今来，人们提到庐山，常常把它和云雾连在一起。苏轼的名句"不识庐山真面目"，更使游客对庐山云雾产生了神秘感。

清代一位学者，为了探求庐山云雾的奥秘，曾在庐山大天池整整观看云海100天。他对"一起千百里，一盖千百峰"的庐山云雾"爱如性命"，自称"云痴"，恨不得"餐云"、"眠云"，可见庐山云雾是多么令人心醉。

的确，庐山云雾，瞬息万变，趣味无穷。游客乘车登山，刚刚在九江看到的山间云，转眼间又变成弥漫窗外的浓雾。雾来时，风起云涌；雾去时，飘飘悠悠。雾浓时，像帷幕遮住了万般秀色；雾稀时，像轻纱给山川披上了一层飘逸的外衣。

庐山雾，对山镇牯岭特别有感情，一年365天，有197天与它朝夕相处。庐山雾时而冉冉升起，使人终日不见庐山真面目；时而雾气团团相衔，浮游荡漾。牯岭一半隐进仙境，一半留在人间。

庐山云雾中最壮观的要算云海。庐山云海一年四季都可看见，尤其是春秋两季最美。每当雨过天晴，站在"大天池"等处俯瞰，只见万顷白云转眼间汇成一片汪洋大海。云海茫茫，波涛起伏，青峰秀岭出没在云海之上，变成了云海上的小岛。特别是太阳照耀下的云海，更是绚丽动人。雨后的夕阳如同一轮火球，燃烧在云絮翻飞的银涛雪浪之上，将云絮染上斑斓的色彩。微风吹拂，云絮好像仙女手中的彩练；又如万朵芙蓉，竞相开放。

这神奇的庐山云雾是哪儿来的呢？原来庐山峰峦林立，峡谷纵横，构成了云雾滋生的天然条件。而江湖环绕的地理位置，又为庐山提供了生成云雾的充足水汽，水汽一旦碰上空气中的尘埃，就成了小水滴。数不清的小水滴就形成了美丽神奇的庐山云雾。

1.小朋友，你知道庐山云雾有什么特点吗？

_____

_____

2.你知道庐山云雾是怎样形成的呢？

_____

_____

小导游多多讲心得

> 庐山云雾真是变幻莫测，作者用优美的语言向我们描绘了大自然的神奇力作，使我们仿佛到了庐山，亲眼目睹了瞬息万变、趣味无穷的庐山云雾，亲身体验了在庐山云海中赏玩的无穷乐趣。这么美丽神奇的庐山云雾，让许多文人墨客流连忘返。

庐山五老峰的传说

相传古时庐山并没有五老峰，这里北面是浩瀚的长江，南面是一望无际的鄱阳湖，江湖相连，水天相接，白茫茫一片。一天，不知从哪里来了五位老人，他们个个童颜鹤发，常常结伴来到江湖之间，钓鱼取乐。有一天，浔阳（今九江市旧称）太守孙缅路过湖滨，看见这五位老者，有的斜躺，有的端坐，姿势各异，静静地在湖边垂钓，便好奇地上前问道："请问五位老者是何方人氏？"五位老人回答："我们都是山海狂人，不贪富贵，不计贫贱，每日于江河湖畔，垂钓自乐而已。"

一天，五位老人正兴致勃勃地坐在湖边钓鱼。突然，狂风骤起，天昏地暗。只见长江水倒灌，湖上波涛汹涌，犹如万条蛟龙在海江倒翻，洪峰如同小山一般，凶猛地冲击着湖岸，就连漂浮在水面上的鞋山，也在湖水的冲刷下，整块整块的岩石直往下崩塌。那被洪水卷走的屋梁，忽沉忽现的尸体，更令人触目惊心。五位老人见此情景，断定是长江上游下了暴雨，引起江河倒灌，才有如此惨状。

洪水在继续肆虐，鄱阳湖的水位也在一步一步地往上涨，眼看就要淹没湖滨的村庄了。在此紧要关头，五位老人决定用自己的血肉之躯在江湖之间筑起一道屏障。他们手挽手一起跳入湖中，踏着湖水，朝着长江走去。当他们快要走到江湖之间时，洪水猛地像风车似的卷起了漩涡，将五位老人卷入水中。不一会，只见湖水飞溅，从水底突然冒出了五个山尖。而且，这山越长越大，竟然在长江与鄱阳湖之间耸起一座天然的屏障，挡住了滔滔的江水。从此，鄱阳湖平静如镜，湖面上白帆点点，渔歌阵阵，湖滨又成为一片乐园。

不久，浔阳太守孙缅又来到湖边，只见这座新增加的大山，**巍峨险峻**，气势雄伟，特别是那五个山头，看起来似曾相识。他猛地想起那天在湖畔遇见的那五位钓鱼的老者，他们当时坐在湖边的姿势，跟这五个山头的形态几乎一模一样。孙缅不由地惊叹：原来是五位老人化成的五个山峰啊！后人为了纪念为百姓造福的五位老人，便称之为"五老峰"。

1. 故事讲完了，你觉得五位老人有什么性格特点呢？

_____

_____

2. 小朋友，请你说说"五老峰"的来历。

_____

_____

小导游多多讲心得

　　读完这个有几分悲壮的故事，我感慨万千。原来这座山竟然是五位老人用生命的壮举铸就的。这几位老人不贪富贵，不计贫贱，自得其乐，在大家的生命财产受到威胁的时候，他们用自己的血肉之躯在江湖之间筑起一道屏障。这是多么感人的场景啊！我们永远忘不了那座山，永远忘不了那五位可敬的老人。

黄 龙

小导游多多的资料袋

五彩池是黄龙湖泊中的精粹，上半部呈碧蓝色，下半部则呈橙红色，左边呈天蓝色，右边则呈橄榄绿色。湖里生长着水绵、轮藻、小蕨等水生植物群落，还生长着芦苇、节节草、水灯芯等草本植物。这些水生群落所含叶绿素多少不同，在富含碳酸钙质的湖水里，能呈现不同的颜色。同一湖泊里，有的水域蔚蓝，有的湾汊浅绿，有的水色绛黄，有的流泉粉蓝……变化无穷，煞是好看！冬季四周冰天雪地，而这个五彩斑斓的小海子却不冻冰，甚为奇绝。

课文再现

《五彩池》（人教版四年级上册）一文通过对五彩池美丽、神奇特点的描写，赞美了大自然，表达了我对祖国河山的热爱。

小导游多多有话说 <<<<

嗨！大家好！我是你们的小导游多多，读了这篇文章，你是不是被多姿多彩的五彩池吸引了呢，是不是很想去欣赏一番呢？下面就让我带领你们去看看黄龙的五彩池，同时也感受一下九寨沟的水与其不同之处吧！

寻找梦中的五彩池

五彩池

自从学过《五彩池》一课后，在我心中就耸立起一座美丽的神山："那是天上的神仙住的地方……漫山遍野都是大大小小的水池。无数的水池在灿烂的阳光下，闪耀着各种不同的颜色的光辉，好像是铺展着的巨幅地毯上的宝石。"我做梦都想有一天能爬到山上，去饱览那醉人的风光。

机会终于来了。去年夏天，我和爸爸妈妈去九寨沟和黄龙旅游，第三天我们的行程是去黄龙看五彩池！

那天下着小雨，浓密的云雾飘荡在大大小小的山岭间，我们的车子就在盘山公路上腾云驾雾一个多小时后，终于来到了山脚下。雨越下越小，天气逐渐晴朗。我们沿着木板做成的栈道拾级而上，行走在雨后的森林间，空气格外清新，人也觉得特别精神。路边出现了一些清澈的小溪，前面是一个小小的瀑布，森林间点缀着一些小小的水池，这就是五彩池吗？我有点失望。导游说，好看的还在后面呢。旁边的路牌指示：五彩池——3千米，我赶紧加快速度向山上冲去。

冲了一会儿，就觉得气喘吁吁，脚下无力。正当我累得有点受不了的时候，突然眼前一亮：前面出现了一道金色的山坡，像是一条彩练，又像是巨龙的脊背蜿蜒起伏，无数滩流、瀑布湍湍而下，飞珠溅玉，点缀着巨龙的奕奕神采，这就是传说中的黄龙吧？黄龙的下面，是一片大小不一的钙化水池群，在阳光的照射下，五颜六色的池水让人有一种如梦如幻的感觉，真是太美了！

正当我陶醉在美景中的时候，导游说，真正的五彩池还在上面，还有近两千米远呢！我们又开始向上爬山，山更陡，海拔更高，脚却越来越不听使唤，气越来越粗，脚底越来越痛，我实在爬不动了。爸爸说，做任何事情都不能半途而废，一定要战胜困难，达到目标！我鼓起勇气继续向上攀登。

经过一道陡坡，穿过一座寺庙，眼前豁然开朗，就如一块巨大的宝石横空展现在你的面前，又像世界上最美的孔雀向你张开了美丽的羽毛，让你目不暇接。岷山顶峰流下圣洁的雪水，流过一个个彩池，鲜红、翠绿、宝石蓝、柠檬黄……在晴空下争奇斗艳，交相辉映，璀璨瑰丽。每一个彩池都让我不忍离去，每一种色彩都让我目眩神迷！站在五彩池的面前，我觉得大自然真是太神奇了！

好美丽的景色啊，这样的描写让我们有身临其境的感觉。

毛主席说过："无限风光在险峰！"只有不畏艰险奋勇攀登的人，才能达到最顶峰，欣赏到最美的风景！经过艰难的跋涉，我终于找到了梦中的五彩池！

小导游多多考考你

1.小朋友，看完这篇文章，你知道作者是按照什么顺序写五彩池的吗？

_____

_____

2.你是如何理解"无限风光在险峰"这句话的呢？

_____

_____

小导游多多讲心得

五彩池真是太美了，我们可以按照游览的顺序来写。描写其他景物时，我们可以运用生动形象的比喻句来写，让读者真正感受到景色之美。在写景的过程中我们要写出自己的真实感受，悟出一定的道理。

游九寨沟

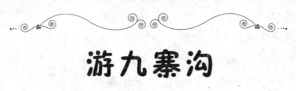

多年以前，就听妈妈说过，在甘肃的南面，四川的西部有一个美丽的地方叫九寨沟。那里，蓝天上点缀着朵朵白云，山峰随地势蜿蜒而上，流水沿崎岖的山沟奔流而下。形状不同的海子和瀑布给九寨沟带来了水的童话世界。

今年夏天，我随爸爸来到了那让我、魂牵梦萦的九寨沟。当我一踏进九寨沟的时候，我一下子被这里的景色迷住了。绿绿的树木环抱着大大小小的海子，形状各异，美不胜收。我们看了火花海、树正群海、老虎海。虽然很累，但被眼前的景色吸引着，我们继续往前走。

忽然听见了哗啦哗啦的流水声，走近了才知道，那就是壮观的诺日朗瀑布。

我们顺着很窄的栈道前行，还未到瀑布，水花已经溅到了我的脸上、

九寨沟

身上，那凉爽的气息使刚才的倦意全没了。我站在瀑布下，抬头望去，雄伟、壮观的瀑布震慑人心。诺日朗瀑布高25米、宽270米，巨大的水流从上面的树与树的缝隙中倾泻而下，好像是一条条白色的彩带铺在石壁上，十分美丽，十分壮观。

瀑布的美丽壮观呈现在我们眼前。

九寨沟的水很清，你能看到很深的水里，有水草随波摇曳，一种名叫裸鲤鱼的小鱼在水中游来游去，还有沉入水中的千年古树。九寨沟的水很静，平静的水面犹如一面明镜，水面上倒映着蓝天、白云、绿树和山峰，那真像是一幅美丽的画卷。

九寨沟的水很美，神奇的池水竟能同时呈现出黛绿、翠绿、浅绿、浅黄、天蓝等不同的颜色。而且，还能随着时间的推移变换颜色，让人产生无尽的遐想。

俗话说得好，"黄山归来不看山，九寨归来不看水"。九寨沟真是名不虚传，它是落在人间的天上瑶池。

1.小朋友，看完这篇文章，你知道作者是按照什么顺序写九寨沟的吗？

_____

_____

2.你是怎样理解"黄山归来不看山，九寨归来不看水"这句话的呢？

_____

_____

小导游多多讲心得

九寨沟真是太美了，美得让人心醉。那形状各异的海子、那神奇壮观的诺日朗瀑布、那五颜六色的池水……作者按照游览的顺序给我们呈现出了一幅幅美丽的画卷。这人间的天上瑶池真是名不虚传啊！它让我们不得不流连忘返。

小小资料箱

镜 海

　　镜海海拔2390米，平均水深11米，面积19万平方米。镜海的倒影独霸九寨沟，它就像一面镜子，将地上和空中的景毫不失真地复制到了水里。当晨曦初露，朝霞满天之时，海水一平如镜，蓝天、白云、雪山倒映海底，呈现出"鱼在云中游，鸟在空中飞"的奇观。来游九寨沟的宾客，莫不为镜海倒影的传神而叹为观止。

武夷山

小导游多多的资料袋

武夷山风景名胜区主要景区方圆70平方千米，平均海拔350米，属典型的丹霞地貌，素有"碧水丹山"、"奇秀甲东南"之美誉，是首批国家级重点风景名胜区之一，于1999年12月被联合国教科文组织列入《世界遗产名录》，荣膺"世界自然与文化双重遗产"，成为全人类共同的财富。

课文再现

《美丽的武夷山》（北师大版二年级下册）文章中用优美的语句描绘了武夷山的奇山秀水，字里行间渗透着对武夷山的热爱、赞美之情，从而激发学生从小热爱祖国，热爱大自然。

小导游多多有话说 <<<<

嗨！大家好！我是你们的小导游多多，读了这篇文章，你是不是被武夷山的优美景观吸引，是不是很想去武夷山游览一番呢？下面就让我带领你们看看如诗如画的武夷山吧！

游览武夷山

　　武夷山风景区有三十六峰、九十九岩、二嶂、八岭、三岗，共分十个大的景区。在导游的带领下我们最先去的是九十九岩当中最有名的虎啸岩。

　　从后山去虎啸岩有两条路可选择：一是好汉坡，二是懒汉坡。当然啦，有谁愿意当懒汉呢？我们迈开大步向着好汉坡冲去。

　　好汉坡，自然是山高坡陡，共有八百多个台阶，其中有不少台阶足足50厘米高，需要用力高抬脚才可登上。因唯恐站立不稳，我们一路上提心吊胆，生怕一失足摔下万丈深渊，粉身碎骨。而我们的导游却像没事一样，令我们甚为惊讶。

　　一路上，大家边走边看，依次游览了虎啸八景中的坡仙带、定命桥、语儿泉等。当人们累得上气不接下气时，终于来到了虎啸岩。关于虎啸岩还有一个故事：<u>传说，一个人下山晚了，经过这里时，听见两块石头缝里，传出阵阵老虎的吼叫声，他观察四周，别说是老虎，</u>

> 恰当地引用传说使文章更有趣味。

<u>就是连只猫也没有。</u>原来，这里是一个天然的风口，风吹来时，犹如老虎的吼叫声，这便是虎啸岩的由来。另外，这里还有天成禅院等人文景观。

　　下山的时候，我们顺路经过了著名的武夷山"一线天"。"一线天"共有143米长，是由两块巨大的石头合并而成，只留下一条深达百米的裂缝，最窄的地方不过30厘米。洞内白蝙蝠随处可见，张牙舞爪！透过长长的裂缝，我们可以看到像一条线似的窄窄天空，"一线天"便由此而来。来这里旅游的人很多，一起挤在这狭长的裂缝中，雨水从裂缝中滴落下来，发出"叮咚"的声响，仿佛在拨动古筝的琴弦。人们在裂缝中缓慢前行，在黑暗中摸

武夷山

索了将近半个小时才走出来。在导游的引领下，我们又特意观赏了武夷山中稀奇植物——四方竹。四方竹看起来是圆的，摸起来却是方的，确实很奇特。

天游峰是武夷山的主要标志之一。传说一位赤脚大仙为完成任务，把一块很大的布晾在这里，还留下了一条几十米长的手印。因此，这天游峰又被称为"晒布岩"和"仙掌峰"。天游峰是亚洲第二大的风景石头，当地的人又说这天游峰是"一块石头玩半天"。郭沫若曾经这样赞美过天游峰："桂林山水甲天下，不如武夷一小丘"。这句话中的小丘，指的就是天游峰，可见天游峰的魅力之大。

我们登上天游峰的山顶，饱览了武夷山美丽的山水风光。山脚下，九曲十八弯中荡漾着一架架竹排，五颜六色，漂亮极了！只见雨后的一座座山峰云雾缭绕，镶嵌在碧水环抱之中，翠萝绿染，既有岩骨神塑的神奇，又有红装绿裹的灵秀，正可谓深邃奇绝啊！

1.小朋友，看完这篇文章，你知道作者是按照什么顺序写武夷山的吗？

_____

_____

_____

2.作者主要游览了几个地方，各有什么特点呢？

_____

_____

_____

美丽的武夷山让我们心驰神往，作者按游览路线带我们"边走边看"，把"好汉坡—虎啸岩——一线天—天游峰"各个景观的特点都通过如诗如画的笔墨展现出来。作者在抓住每一处景区特点的同时，落脚点却又各不相同。"好汉坡"重点写爬的体会，写"天游峰"时又插入一段传说佳话予以烘托，让人感觉处处有新意。文章的主要笔墨放在"一线天"和"天游峰"上，详略得当，值得我们学习。

传说中的幔亭招宴

传说秦始皇二年，武夷君、皇太姥和魏王子骞等武夷山十三仙人，在幔亭八月中秋摆酒设宴，款待开山有功的武夷乡民。

这一天赴仙宴的乡民们欢天喜地地翻过九条岭，拐过九道弯，越过九曲溪，来到幔亭峰下。但见山巅松柏接云青，石壁荆榛挂绿藤。万丈巍峨峰岭峻，千层悬削壑崖深。哪里有路上幔亭呢？大家正在疑虑之际，忽见一位银须老者现于云端。只见他手臂往空中一挥，忽地现出一道七彩长虹，变成一条彩虹云路，慢慢伸到峰脚。

乡民们既惊且喜，蜂拥上桥，到了幔亭峰。眼见幔亭峰上琼香缭绕，瑞霭缤纷。瑶台铺彩结，宝阁散氤氲。仙鹤声传霄汉远，凤凰翎飘彩云光。玄猿白鹿随隐见，金狮玉象任行藏。更有那幔亭屋外奇花散锦，彩虹桥边瑶草喷香，真是人间天堂！

> 句子简洁生动，有特色。

乡民们看得入了神。不一会儿，十三仙人已着盛装，驾着祥云，步出彩屋请乡民入宴。酒宴桌上有龙肝、凤髓、熊掌、猩唇……玉液琼浆，香醪佳酿，异香扑鼻。真是"珍馐百味般般美，异果佳肴色色新"。亭中天香袅袅，红烛高照。忽闻亭中钟鼓三响，仙人传话："诸位男女乡民，按东西两边依次入席。"

席间笙歌悦耳，弦管声谐。众仙、美姬舞姿翩跹，欢歌助兴。鹦鹉杯、琉璃盏、琥珀钟、水晶碗——满斟玉液，连注琼浆，仙凡欢聚，共同祈祷武夷风调雨顺，五谷丰登，新茶飘香，百姓康乐……

不觉间天色将晚，山色昏沉。乡民们已酒足饭饱，便依依不舍向众仙躬身拜别。

说来也巧，当最后一个人走下虹桥，一阵狂风刮起，紧接着暴雨倾盆，只听得"轰隆"一声巨响，虹桥已被风雨打成片片残碎，在狂风骤雨中全部飞插进二曲到四曲左边的山崖岩洞中，那就是我们现今游九曲时所见的虹桥板。

待风停雨歇时，人们再往幔亭峰看去，那里依旧是绿柳似拖烟，乔松如泼靛。绿依依，绣墩草，青茸茸，碧砂兰。哪里还有彩屋众仙的踪影？

虹桥断后，武夷乡民再也不能上幔亭赴仙宴了。如今，到武夷山的人，远在数里外就能看到"幔亭"两个遒劲有力的白色大字，那就是当年众仙人大宴乡民的所在。

1. 众乡民走到虹桥时遇到了什么情况?

_____

_____

2. 你能用自己的话说说十三仙人款待乡民的场面吗?

_____

_____

小导游多多讲心得

　　故事读完了,仿佛十三仙人款待乡民的场面还清晰地浮现在我们的眼前。神奇的传说如梦如幻,也为武夷山笼罩了一层神秘的色彩,让我们很想去武夷山畅游一番。

风景名胜

宝岛台湾

小导游多多的资料袋

台湾是中国的第一大岛，位于亚洲东部、东临太平洋，面积约3.6万平方千米。它因欧亚大陆板块、菲律宾海洋板块挤压而隆起，全岛地形东高西低，山脉纵贯岛屿，岛上的自然景观与生态系统呈多样化。日月潭是台湾地区最大的天然湖泊，又称龙湖或天池，湖周长约35千米，水域9平方千米多，为全省最大的天然湖泊，也是全国少数著名的高山湖泊之一。其地环湖皆山，湖水澄碧，湖中有天然小岛浮现，圆若明珠，形成"青山拥碧水，明潭抱绿珠"的美丽景观。

课文再现

《日月潭》（人教版二年级下册）本课介绍了日月潭的秀丽风光，表达了作者对我国领土宝岛台湾、对祖国大好河山的热爱之情。作者是按照这样的游览顺序描写的：首先介绍日月潭的地理位置和周围的优美风光；然后介绍了日月潭名称的来历；最后介绍日月潭清晨和中午各异的秀丽风光。

小导游多多有话说 <<<<

嗨！大家好！我是你们的小导游多多，读了这篇文章，你是不是被日月潭美丽的景色吸引了呢，是不是很想去日月潭旅游呢？下面就让我带领你们看看那里的风光特色吧！

课外链接

台湾夏威夷

　　我们一直沿宝岛的西海岸向南驱车前行，经过两个多小时车程，我们来到台湾岛南端有"台湾夏威夷"之称的垦丁恒春半岛。

　　"垦丁"名称的由来是清光绪三年（1877年），清廷招抚局自广东潮州一带募集大批壮丁到此垦荒，为纪念这些衣衫褴褛、以启山林的开"垦"壮"丁"，而将此地命名为"垦丁"。恒春半岛三面环海，是岛内唯一涵盖陆地与海域的森林公园，也是台湾岛内唯一的热带区域。台湾南端的恒春半岛，好像一条鱼尾伸入太平洋巴士海峡。半岛上有两个著名的岬角，

> 比喻句用得生动形象。

分据东西两方，西边的叫做猫鼻头，因岸边有一岩石形如猫蹲踞而得名，东边的就是赫赫有名的鹅銮鼻。从台湾地图上可以看出恒春半岛像一条鸭舌头伸进太平洋，它东南的岬猫鼻头介于台湾海峡和巴士海峡的交界处，并与鹅銮鼻形成台湾最南之两端。成犄角之势并驾齐驱，为恒春半岛向巴士海峡延伸而出的突兀点，南边海区近邻菲律宾，而东边就是浩瀚的太平洋了。

　　我们首先来到了最为著名的"猫鼻头"，这里为典型的珊瑚礁海岸侵蚀地形，鸟瞰似女孩的百褶裙，故有裙礁海岸之称。其外形状如蹲伏的猫，因而取其名为"猫鼻头"，猫鼻头半岛位于低纬度，具有独特的热带风貌，受海蚀、盐渍及风化影响特别强烈，以隆起的珊瑚礁海岸为主，有海蚀沟、海蚀壶穴、海蚀礁柱等造就当地鬼斧神工的自然地形，湛蓝的大海更让人心旷神怡，傍晚时刻，夕阳染红了整个海面，景致十分壮丽。

　　"鹅銮鼻"位于台湾岛南部尖端，岬约长五千米，宽一千米半至二千米半不等，最高点海拔122公尺，属珊瑚礁台地，旧称南岬。"鹅銮"是当地

鹅銮鼻

排湾族部落土语的音译，原意为"帆"。因为附近有大石像船帆般的形状，再加上该地形就好像是个突出的鼻子，"鼻"便是指岬角，故称为"鹅銮鼻"。

鹅銮鼻前临巴士海峡与菲律宾的吕宋岛遥对，是南海与太平洋往来的必经航道。鹅銮鼻的地标为鹅銮鼻灯塔，灯塔于1882年（清光绪八年）建成，塔身全白，为圆柱形，为白铁制，塔高24.1米，塔顶换装新式大型四等旋转透镜电灯，照射距离达27.2海里，是远东最大的灯塔，被誉为著名的"东亚之光"灯塔。

小导游多多考考你

1. 读完这篇文章，你知道垦丁恒春半岛有哪些著名的景点？

_____

_____

2. 小朋友，为什么人们把其中的一个岛叫做"猫鼻头"？

_____

_____

小导游多多讲心得

　　文章读完了，我们才知道台湾还有一个"夏威夷"，哈哈，小朋友们你们是不是知道了"猫鼻头"和"鹅銮鼻"的来历呢？是不是也想去看一看"猫鼻头"和"鹅銮鼻"呢？有机会就亲自去看一看吧！

小小资料箱

台湾的"天池"指的是什么?

　　日月潭是台湾的"天池",湖周长约35千米,水域9平方千米多,为全省最大的天然湖泊,也是全国少数著名的高山湖泊之一。其地环湖皆山,湖水澄碧,湖中有天然小岛浮现,圆若明珠,

形成"青山拥碧水,明潭抱绿珠"的美丽景观。清人曾作霖说它是"山中有水水中山,山自凌空水自闲";陈书游湖,也说是"但觉水环山以外,居然山在水之中"。300年来,日月潭就凭着这"万山丛中,突现明潭"的奇景而成为宝岛诸胜之冠,驰名于五洲四海。

吐鲁番

小导游多多的资料袋

迷人的葡萄沟，位于吐鲁番东北 10千米的火焰山中，这是一条南北长约7千米、东西宽约2千米的峡谷。风景秀丽的葡萄沟，以盛产优质葡萄而闻名中外。其果实成球形、卵形、椭圆形等，有的葡萄晶莹如珍珠，有的鲜似玛瑙，有的绿若翡翠。那五光十色、翠绿欲滴的鲜葡萄，令人垂涎不止。尤其是这里生产的无核白葡萄，皮薄、肉嫩、多汁、味美、营养丰富，素有"珍珠"美称。

课文再现

《葡萄沟》（人教版二年级下册）这是一篇充满浓郁风土人情的游记式文章，课文围绕"葡萄沟真是个好地方"，用生动形象的语句描写了葡萄沟的葡萄品种多、产量高、颜色鲜、味道甜，制成的葡萄干非常有名，表达了作者的喜爱之情。

小导游多多有话说 <<<<

嗨！大家好！我是你们的小导游多多，读了这篇文章，你是不是被葡萄沟的优美景观吸引了呢，是不是很想去葡萄沟走一走，亲眼看一看，亲口尝一尝那里的葡萄呢？下面就让我带领你们去吧！

家乡的葡萄

我的家乡在新疆吐鲁番的葡萄沟。这里虽然是个缺水的地方，但瓜果蔬菜还是有许多的！比如说晶莹剔透的葡萄、绿中透粉的桃子、黄澄澄的柿子……在这么多的水果中，我对葡萄可谓是情有独钟！

农历的三四月份春天的使者——春雨把葡萄嫩绿的叶芽唤醒了，从褐色的葡萄藤中探出了可爱的小脑袋，东瞧瞧，西看看，对新的世界充满了好奇。

> 拟人的写法再现了事物的动态美。

初夏，叶子早已长得像小孩儿的手掌，绿得发光，绿得发亮，绿得可爱，好似一个绿色的帐篷。在不知不觉中，葡萄的花开了，一朵朵黄色的小花在微风中颤抖，真让人怜爱，它散发出淡淡的清香，引来了许多勤劳的小蜜蜂。这时，你要是走进葡萄园，一定会被这花色和花香迷住，久久不愿离去。

盛夏，小花凋谢了。树上长了一个个小葡萄，小葡萄渐渐地长大，直到黄豆粒大小一般。这时，你要是嘴馋，吃了这黄豆粒大小一般的葡萄，那又酸又涩的味道一定会让你一辈子都忘不了！

葡萄

初秋，葡萄成熟了。一串串香甜可口的葡萄便挂满了整个藤蔓。你看，在绿叶中有穿着紫衣的葡萄，有穿着绿纱的葡萄，有黄中透亮的无籽葡萄，像一串串珍珠，又像一颗颗玛瑙。这时，你再把葡萄放到你的嘴里，你就会感觉到酸甜的乳汁从你的嘴里甜透你的心里。

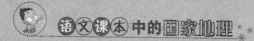

啊！我爱生我养我的家乡，更爱家乡那香甜可口的葡萄！

小导游多多考考你

1.小朋友，看完这篇文章，你知道作者是按照什么顺序写葡萄沟的吗？

_____

_____

2.作者为什么喜爱葡萄呢？

_____

_____

小导游多多讲心得

葡萄沟真是太美、太诱人啦，我们可以按照时间顺序来写。描写景物，我们还可以恰当地运用修辞方法细致刻画事物的特点，最好写出自己的真实感受，是喜欢还是厌恶要表达清楚，让人明白你对景物的看法。

吐鲁番的葡萄沟

去过新疆的人都知道吐鲁番有个好去处：在火焰山附近，有一个泉水叮咚的地方，那就是葡萄沟。在上中学的时候，我就已经向往这个美丽的地方。终于在读大学时，遂了我的心愿。或许是近乡情更怯的缘故，一踏上吐鲁番的行程，我就开始构思吐鲁番的葡萄会是怎样的？在老家，也有葡萄，

葡萄沟

自己小时候也栽过葡萄，不过种葡萄的目的很单纯：幻想能在葡萄架下，听听金风玉露一相逢的窃窃私语。童年时的想法很简单，不过对葡萄却产生了一份特别的情怀。

刚踏入吐鲁番城市，就被满街的葡萄藤给迷住了。吐鲁番城市不算很大，但很有味道。首先，居民大多是少数民族，所以多多少少有点异国情调；其次，商贩很多，但又不像南方的集市，来来往往的商贩大多赶着马车而来，令人不由自主地想起那首著名的歌曲《大阪城的姑娘》；然后更具有风味的还是人行道，现代城市的人行道大多以水泥和广告牌为样板，但吐鲁番不同，人行道上架满了葡萄藤，如同公园里的水榭楼台。吐鲁番的盛夏也很热，但漫步在葡萄藤下的人行道，却舒适而清凉。

见识新疆人的好客，是在一家小饭店。店主是一位回民，热情地接待我们。不仅让我们品尝了可口的牛肉拉面，还送给我们满满一盘刚刚从院子里采下的马奶子葡萄。这是我们初尝吐鲁番的葡萄，葡萄颗颗很大，形状像马奶，故名为马奶子葡萄。正当我们赞不绝口时，主人告诉我们，这还不是最好的吐鲁番葡萄，真正的好葡萄在葡萄沟，它的名字叫吐鲁番无核葡萄。

有了这么多的憧憬，加上《西游记》的诱惑，不由自主地直奔葡萄沟而去。火焰山的"火"确实需要芭蕉扇，气温高自然不必说，加上西部地区的干燥，身上无法出汗，让我们真真切切地领略了神话故事中的劫难。徒步行走了将近一个上午，终于来到了向往已久的葡萄沟。所谓葡萄沟，并非想象中那样长，却有一种曲径通幽的别致。葡萄多自然不用说，各个品种的葡萄也令人惊叹不已。浓荫的葡萄藤不多时就褪去了身上的暑气，清冽的泉水一下子令人联想到远方的雪峰。游客并不是很多，所以也就多了一份闲情逸致来慢慢品味盈盈如樱桃大小的吐鲁番无核葡萄。无所事事地躺在凉椅上，就着潺潺而过的泉水，开始了我们的葡萄宴。

这种感觉真的是很美。

葡萄沟周围除了葡萄园，几乎没有什么建筑。唯一能见到的建筑是矮矮的一些土夯的平房。房子很有特色，四周墙壁布满了如棋盘似的格子。由于

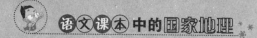

房子大多建在高处，一开始我们还误以为宗教祭祀用的，后来一打听，才知是用来晾葡萄干用的，差点闹了个笑话。葡萄沟附近的居民很幸福，在这个季节一家人大多是在院子里的葡萄架下度过的：吃饭、睡觉、休息，小孩子也大多聚在葡萄架下玩耍，享尽了天伦之乐……

1. 小朋友，读完课文你知道作者为什么向往吐鲁番吗？

_____

_____

2. 小朋友，你从哪儿看出新疆人的热情好客？

_____

_____

小导游多多讲心得

> 我们一起游览了吐鲁番，感受到这里的风土人情。在浓荫的葡萄藤下，喝着清冽的泉水，吃着美味的葡萄，悠闲地躺在凉椅上，真是一种神仙过的日子。

钱塘江大潮

 小导游多多的资料袋

我国钱塘江口的海潮，汹涌澎湃，气势雄伟，特别在中秋节后两三天，最为壮观，潮头高达3～5米，每秒钟推进的速度达到近10米，带来海水10万～20万吨，同时发出巨大的声响，犹如千军万马在奔腾。宋代文学家苏东坡曾为它写下了这样的诗句：

八月十八潮，壮观天下无。涨潮和落潮是海边一种普遍的自然现象。中秋节正值农历的八月十五日，这时，地球、太阳、月球的位置连起来恰恰接近直线，所以秋潮较大是一般现象。不过像这样的大潮，在世界上却很少见。

课文再现

《观潮》（人教版四年级上册）本文记叙的就是一次观潮的盛况，写的是作者耳闻目睹的潮来前、潮来时、潮过后的景象，描写了大潮由远而近奔腾西去的全过程，描绘出江潮由风平浪静到奔腾咆哮再到恢复平静的动态变化，写出了大潮的奇特、雄伟、壮观。

小导游多多有话说

嗨！大家好！我是你们的小导游多多，读了这篇文章，你是不是被钱塘江大潮的磅礴的气势、壮观的景象所吸引了呢，是不是很想去钱塘江看一看呢？下面就让我带领你们看看钱塘江的景观吧！

课外链接

世界奇观钱塘江大潮

钱塘江大潮

每年的农历八月十八，钱塘江大潮以其"滔天浊浪排空来，翻江倒海山为摧"的壮观景象，吸引了来自世界各地的游客。

距杭州湾55千米处，有一个叫大缺口的地方是观看十字交叉潮的绝佳地点。由于长期的泥沙淤积，在江中形成一个沙洲，它将从杭州湾传来的潮波分成两股，即东潮和南潮，两股潮头在绕过沙洲后，就像两兄弟一样交叉相抱，形成变化多端、壮观异常的交叉潮，呈现出"海面雷霆聚，江心瀑布横"的壮观景象。两股潮在相碰的瞬间，激起一股水柱，高达数丈，浪花飞溅，惊心动魄。待到水柱落回江面，两股潮头已经呈十字形展现在江面上，并迅速向西奔驰。同时交叉点像雪崩似的迅速朝北转移，撞在顺直的海塘上，激起一团巨大的水花，跌落在塘顶上，吓得观潮人纷纷尖叫着避开。

看过大缺口的交叉潮之后，建议您赶快驱车到盐官，等待观看一线潮。未见潮影，先闻潮声。耳边传来轰隆隆的巨响，江面仍是风平浪静。响声越来越大，犹如擂起万面战鼓，震耳欲聋。远处，雾蒙蒙的江面出现一条白线，迅速西移，犹如"素练横江，漫漫平沙起白虹"。再近，白线变成了一堵水墙，逐渐升高，"欲识潮头高几许，越山横在浪花中"。随着一堵白墙的迅速向前推移，涌潮来到眼前，有万马

用生动形象的比喻修辞突出"一线潮"的壮观景象。

奔腾之势，雷霆万钧之力，锐不可当，气势磅礴，潮景壮观。

从盐官逆流而上的潮水，将到达下一个观潮景点老盐仓。老盐仓的地理环境不同于盐官，盐官河道顺直，涌潮毫无阻挡向西挺进，而老盐仓的河道上，出于围垦和保护海塘的需要，建有一条长达660米的拦河坝，咆哮而来的潮水遇到障碍后将被反射折回，在那里它猛烈撞击对面的堤坝，然后以泰山压顶之势翻卷回头，落到西进的急流上，形成一排"雪山"，风驰电掣地向东回奔，声如狮吼，惊天动地，这就是回头潮。

钱塘江大潮，白天有白天波澜壮阔的气势，晚上有晚上的诗情画意。看潮是一种乐趣，听潮是一种遐想。难怪有人说"钱塘郭里看潮人，直到白头看不足。"

1.小朋友，看完这篇文章，你知道钱塘江三种潮的特点吗？

_____

_____

2.文章表达作者怎样的情感？

_____

_____

小导游多多讲心得

钱塘江大潮气势雄伟，惊天动地，看后让人为之震撼。本文主要从潮水的声音、潮水的形态、颜色等方面进行细致描绘，同时运用比喻、夸张等修辞方法，更生动、形象地展示大潮的奇特。

钱塘潮的故事

原先钱塘江的潮来时，跟其他各地的江潮一样，既没有潮头，也没有声音。

有一年，钱塘江边来了一个巨人，这个巨人真高大，一迈步就从江这边跨到江那边了。他住在萧山县境内的蜀山上，引火烧盐。人们不晓得他叫什么名字，因为他住在钱塘江边，就叫他为钱大王。钱大王力气很大，他挑着自己的那条铁扁担，常常挑些大石块来放在江边。没过多久，就堆起了一座一座的山。

一天，他去挑自己在蜀山上烧了三年零三个月的盐。可是，这些盐只够他装一头，因此他在扁担的另一头系上块大石，放上肩丢试试正好，就挑起

钱塘潮

来，跨到江北岸来了。

这时候，天气热，钱大王因为才吃过午饭，有些累了，便放下担子歇歇，没想到竟打起瞌睡来。正巧，东海龙王这时出来巡江，潮水涨起来了。涨呀涨的，竟涨到岸上来，把钱大王的盐慢慢都溶化了。东海龙王闻闻，水里哪来这股咸味呀，而且愈来愈咸，愈来愈咸。他受不了，返身就逃，没想逃到海洋里，把海洋的水都弄咸了。这位钱大王呢，睡了一觉，两眼一睁，看见扁担一头的石头还放在硖石，而另一头的盐却没有了。

> 那块石头就是现在有名的硖石山。

钱大王找来找去，找不着盐，一低头，闻到江里有咸味，他想：哦，怪不得盐没有了，原来被东海龙王偷去了。于是他举起扁担就打海水。一扁担打得大小鱼儿都震死；两扁担打得江底翻了身；三扁担打得东海龙王冒出水面求饶命。

东海龙王战战兢兢地问钱大王，究竟为什么发这么大的脾气。钱大王说："你把我的盐偷到什么地方去了？"东海龙王这才明白海水变咸的原因，连忙赔了罪，就把自己怎样巡江，怎样把钱大王的盐无意中溶化了，使得海洋的水也咸起来的事情，一一说了。

钱大王心里好气呀，真想举起铁扁担，一下把东海龙王砸烂了才甘心。东海龙王慌得连连叩头求饶，并答应用海水晒出盐来赔偿钱大王，以后涨潮的时候就叫起来，免得钱大王再睡着了听不见。钱大王听这两个条件还不错，便饶了东海龙王，把自己的扁担向杭州湾口一放，说："以后潮水来就从这里叫起！"东海龙王连连答应，钱大王这才高高兴兴地走了。

从那个时候起，潮水一进杭州湾，就伸起脖子，"哗哗哗"地喊叫着，涨到钱大王坐过的地方，脖子伸得顶高，叫得顶响。这个地方就是如今的海宁。举世闻名的"钱塘潮"就是这样来的。

1. 故事讲完了，你知道"钱塘潮"是怎么来的吗？

_____

_____

2. 小朋友，你如何评价钱大王和东海龙王？

_____

_____

 小导游多多讲心得

> 　　故事读完了，原来钱塘潮是东海龙王为通知钱大王，把脖子伸得顶高，叫得顶响，如雷贯耳。所以我们会看到眼前的"天下奇观"。

雅鲁藏布大峡谷

小导游多多的资料袋

雅鲁藏布大峡谷位于中国西藏雅鲁藏布江下游，是一个围绕着喜马拉雅山东端的最高峰——南迦巴瓦峰做了一个马蹄形大拐弯的奇特峡谷。该峡谷长达504.6千米，最深处为6009米，峡谷底河床宽度仅为35米。雅鲁藏布大峡谷的种种地理特征都远远超过原认为世界之最的美国科罗拉多大峡谷、秘鲁的科尔卡大峡谷和尼泊尔的喀利根得格峡谷。

课文再现

《雅鲁藏布大峡谷》（人教版四年级上册）这是一篇情趣盎然的说明文。文章非常有条理、有层次地介绍了神奇而美丽的雅鲁藏布大峡谷，表达了作者对大自然鬼斧神工的惊叹和心中无比自豪与喜悦的感情。作者从大峡谷所处的地理位置、是不容置疑的世界第一大峡谷、大峡谷的奇异景观等几部分进行描述。在介绍时，作者运用了多种说明方法，如对比、列数字、举例等，细致地展现了雅鲁藏布大峡谷的罕见奇观。

小导游多多有话说 <<<<

嗨！大家好！我是你们的小导游多多。雅鲁藏布大峡谷堪称世界一大奇观，不知令多少人为之惊叹！你是不是很想去雅鲁藏布大峡谷看一看呢？下面就让我带领你们一起去领略雅鲁藏布大峡谷神奇的魅力吧！

课外 链接

雅鲁藏布大峡谷历险记

　　繁忙的学习生活过去了，迎来了轻松、快乐的假期生活。暑假里，我和三个伙伴准备一起去雅鲁藏布大峡谷。我们经过十多天的长途跋涉，终于到达了雅鲁藏布大峡谷。

　　来到雅鲁藏布大峡谷，我和阳光、周文、朱颖乘着小船划进雅鲁藏布大峡谷内。天啊！这真是人间仙境，世外桃源！

　　江的两岸长满了花花草草，好像森林一般！这里绿树成荫，它的江水好像是马蹄形一般，在它的南面耸立着世界上最高、最年轻的喜马拉雅山脉，两岸的峡谷仅宽20米，峡谷非常陡峭、险峻。雅鲁藏布江的江水清澈见底、冰凉刺骨，水中还有许许多多的礁石。不仅如此，这里还有许多珍稀动物：二级保护动物小熊猫、猕猴，一级保护动物云豹、红胸角雉……

　　这时，天空乌云密布，狂风席卷而来，江面顿时卷起巨浪，波涛翻滚时，犹如白色城墙，也像一匹匹白色战马齐头并进，浩浩荡荡地飞奔而来。就在这时，因为风浪太大，我们的小船已经失去了控制，随着江水流动向前，而这条江有许多弯道，所以小船已被撞得遍体鳞伤了。这时雪白的浪花毫不留情地涌来，而失去控制的小船也撞上了江底的礁石。刹那间小船翻倒在江面上，而队员们也被翻出来。大家在寒冷如冰的江水上漂流着，大家都冻得嘴唇发紫脸色苍白，上下牙不停地打嗑。

　　我们在江上漂了十分钟左右。危险又来了，狂风越加猛烈，让雅鲁藏布江上出现了难得一见的漩涡。我们正向漩涡的地方漂去，顿时，忐忑不安的

恰当的比喻，形象地突出巨浪的磅礴气势。

心情和恐惧感，随着漩涡的逼近而越来越强烈。

我迷迷糊糊地睁开眼睛，只见自己正躺在雅鲁藏布江的岸上，手机和带的食物全部都被雅鲁藏布江那来势汹涌的浪潮席卷而去，身旁躺着阳光，但却没看见朱颖和周文的身影。我们沿着这条地上的天河——雅鲁藏布江，一直往前走，去寻找失散的同伴。在一座用石头砌成的小房子里，我们见到了周文和藏族小姑娘尼玛。

雅鲁藏布江

吃过饭后，尼玛带领我们去找朱颖。从山下往山上走，就犹如从赤道向北极行进，沿途看到各种从热带雨林到冰雪地带过渡的植被，层次分明，真不愧是自然宝库呀。越往上走，天气也越来越冷，好在尼玛给我们每人都带上了她的一件厚衣服。突然，听见阳光"啊"的一声尖叫，我回过头，只见一条一米多长的大花蛇正缠在他的腿上，它张着血盆大口，细长的舌头沾满了有毒的液体，好像马上就要咬向阳光的腿。我们都吓呆了，只有尼玛非常冷静，她对阳光轻声说道："别动！"然后迅速地用手抓住了蛇的七寸子，把蛇从他的腿上拉了下来，然后丢进了雅鲁藏布江。我们都非常佩服尼玛的勇敢和机智。

海拔越来越高，我们都不同程度地出现了高原反映，但为了找到朱颖，大家都咬牙坚持着。当我们翻过这座山时，已经是第二天了。我抬头往喜马拉雅山的方向望去，发现远处有一个很小的身影，正慢慢地在往我们这个方向移动。我突然有了一种直觉，那一定是朱颖！于是，我大声叫起来："朱颖！是你吗？"阳光、周文、尼玛也看到了那个人影，四个人一块大声叫起来，并向那个黑影跑去。真的是朱颖！朱颖回来了！我们都非常高兴。

为了找她，我们曾被野兽袭击，曾被树枝扎破手脚，曾忍受饥饿……但我们却一直没有放弃。我想，这大概就是友谊的力量吧！

当我们回到尼玛家时，已经是傍晚了。袅袅炊烟从屋顶升起，夕阳将最后一丝霞光洒在了绿海般的青稞地里。

第二天，我们同尼玛一家告别。抬头看看天空，在蓝色的背景前，一朵朵云被染上了金边、粉边，而云朵的中间则是一种无法言喻的白，如同天使

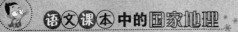

的翅膀，柔软而美丽。而在云雾中，一座雪山如同封存已久的美妙童话，渐渐浮出水面，神秘而安详……

几天后，我们走出了南迦巴瓦峰。再见了，雄伟的雅鲁藏布大峡谷和雅鲁藏布江！再见了，和善的尼玛一家人！再见了！

1.小朋友，在这次惊险的经历中，你对雅鲁藏布大峡谷有了哪些认识？

_____

_____

2.本文抒发了作者怎样的情感？

_____

_____

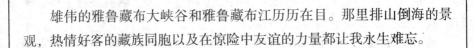

雄伟的雅鲁藏布大峡谷和雅鲁藏布江历历在目。那里排山倒海的景观，热情好客的藏族同胞以及在惊险中友谊的力量都让我永生难忘。

雅鲁藏布江的传说

雅鲁藏布大峡谷，你虽然身在西藏，可人们一提起西藏，想到的都是牦牛、寺庙等，我也一样。可今天，我认识了你，雅鲁藏布大峡谷。

你，是世界之星。你拥有最纯净的天空，最飘逸的云彩，最雄伟的雪峰，最漂亮的大拐弯，最丰富的宝库。我认为你太奇特了！最底下是热带雨林，中间温带，上面是寒温带，可山的另一边也就不同了，荒山秃岭，雪山高原，让人不可思议。

> 排比的句式，形象地突出雅鲁藏布大峡谷的奇特之处。

你最让人不可思议的是——直角马蹄形大拐弯，滔滔大河突然转了一个直角。大自然太奇妙了，真是鬼斧神工啊！它全长504.6千米，真让人叹服叫绝。你也为国争了光，比美国科罗拉多大峡谷还长154.6千米，比秘鲁的大峡谷还深2000多米，你的神奇壮丽，是无与伦比的。

说起你的大拐弯还有一个有趣的故事呢，传说位于西部阿里的神山冈仁波钦雪山有四个子女分别是雅鲁藏布江、狮泉河、象泉河和孔雀河。四兄妹相约分头出发在印度洋相会，雅鲁藏布江在历经艰险后来到了工布地区，受一只小鹞子的欺骗，以为三个兄妹早已比他先到了印度洋，于是匆忙中从南迦巴瓦峰脚下掉头南奔，一路的高山陡崖都不能挡住他的脚步，为早日与兄妹们相会，哪里地势陡峭险峻他就从哪里跳下，最终形成了这条深嵌在千山万谷中的雅鲁藏布大峡谷。在扎曲村旁不到300米远的悬崖上就可以清楚地看见雅鲁藏布江自西滚滚而来，绕过对面的多布拉雄山后转向南狂奔而去，整个形状呈一个大"U"形。距雅鲁藏布大拐弯不远还有

雅鲁藏布大拐弯

一个帕隆藏布江拐弯，两者同样是一个大"U"字造型，加上几乎一模一样的马蹄形山体，稍不留心的话还会把它当成那个著名的"同胞兄弟"了。

啊，我爱你，地球的最后一块密境，世界仅存的一块处女地！

小导游多多考考你

1. 文章读完了，你怎样评价雅鲁藏布江大哥？

_____

_____

2.小朋友，你知道作者为什么说雅鲁藏布大峡谷是世界之最吗？

_____

_____

小导游多多讲心得

　　本文采用总—分—总的结构方式，赞美雅鲁藏布大峡谷，层次分明，详略得当。通过这个美丽的传说，我知道了雅鲁藏布江原来是一个重情重义的兄长，他为了早日与兄妹团聚，不畏艰险奋不顾身跳下悬崖。

资料箱

西藏的世外桃源是哪里？

　　墨脱县是西藏自治区林芝地区下辖的一个县，位于西藏东南部，地处雅鲁藏布江下游，位于喜马拉雅山脉东端南麓。墨脱是个没有通公路、与世隔绝的地方，这里只有夏季融雪的几个月里才与外界交流。而且整个峡谷地区道路艰险，冰川、泥石流、绝壁、陡坡和巨浪滔天的大河交错在一起，有些区域至今没有人的足迹。墨脱如孤岛一般，是中国唯一不通公路的地区。但它那山林翠竹烟云缭绕犹如世外桃园，是如此的名扬四海。

张家界

 小导游多多的资料袋

张家界又名青岩山，为武陵源风景区的一个重要组成部分。张家界因其独特的石英砂岩峰林构成的自然风貌和原始次森林的古野景观，八十年代初被外界发现，蜚声中外。1982年国家计委批准张家界成立我国第一个国家森林公园。峰林奇异，是张家界景观的一大特点。张家界不仅山奇，而且水秀。张家界有"绿色宝库"、"动植物王国"之称。

课文再现

《迷人的张家界》（人教版四年级上册）课文以生动细腻的笔触描写了湖南省张家界迷人的自然风光，表达了作者对祖国壮美河山的热爱之情。全文紧扣"迷人"二字展开，语言生动形象，用词准确传神，想象丰富，布局合理巧妙。对于张家界景色的描写，作者犹如一位高明的摄影师，首先拉出的是张家界的群峰，展示了群峰的不同风姿。接着，镜头对准了几个最抢眼的景致：斧砍刀劈似的金鞭岩，群峰中最高的黄狮寨，满目青翠的金鞭溪。

 小导游多多有话说 <<<<

嗨！大家好！我是你们的小导游多多，读了这篇文章，你是不是被张家界的"仙境"吸引了呢，是不是很想去张家界看一看呢？下面就让我带领你们去领略一番吧！

张家界游记

迎着夏日的朝阳，心怀激昂的梦想，我们一行浩浩荡荡地来到了盼望已久的张家界。这里风光如画，如入仙境，流连忘返之处，竟有点乐不思蜀了。在众多优美的景色中，让我念念不忘的当金鞭溪与黄石寨莫属了。

金鞭溪，全长7.5千米，"久旱不断流，久雨水碧清"，它没有九寨沟的神秘幽深，也没有黄河长江的博大浩渺，却自有一种小家碧玉的温婉。溪水清凉透彻，毫无城府地展现在我们眼前。透过清亮的水，溪底的鹅卵石和山峰树影相映成趣，真是"奇峰险壑千幅画，鸟语花香一溪诗"。溪水当前，我们个个欢呼雀跃，所有绅士与淑女风度都顾不得了，纷纷脱下鞋袜，尽情地与山水融合在一起。清冽的溪水涤荡了夏日的闷热，我们这群老大不小的女孩子仿佛回到了天真烂漫的童年。相互嬉戏着、打闹着，漫天撩泼的水珠在阳光的照耀下宛如一串串晶莹闪亮的珍珠，欢快的笑声沸腾了金鞭溪。我们心中只有一种与自然与山水相濡以沫的渴望！我多羡慕水边绿荫里那一棵静谧的小草，永远温柔而又无怨地感受着这温润如玉的流水……不远处，有一块巨石横卧水中，激起水花飞溅，光洁

张家界

如玉，我欣然枕着青石，一切尘间扰攘、一切烦愁忧虑，都似乎随着清泉流远……

沿溪而上，两岸苍翠的山峦将它的曲线刻印在我们的视线中，一直延伸到天尽头。我站在那儿，莫名地为这片深远的绿色感动，它保留着浮躁的

尘世中多少朴素的温暖？

黄石寨的游览又别是一番开阔的境界了。乘坐缆车的惊险与我们的尖叫，还是作为保留版本让我们这群参与者津津乐道吧。高空鸟瞰自是别有一种滋味在心头：山是刀削斧凿的铁骨铮铮的山；树是在岩壁里生长出的坚强傲立的树；天是明朗澄净清澈如洗的天。一伸手仿佛可以触及的白云在我们头顶悠然飘过，让人引发遐思无限。久居城市的我

> 运用排比句，写出了黄石寨的与众不同。

们好久没见过这么纯净的天空，不禁张开双臂，与它来了个并不实在的拥抱！登高望远，千峰叠嶂，绵延起伏，我们竟然在这片浓浓的绿意里，沉醉不知归路了。

旅程很短，三天时间一晃而过，回忆却很长。当我们打开心灵的窗户，重温张家界的美好时，微笑一定会停留在我们的眼角眉梢。

别了，美丽的张家界！它日有暇，我定当重访，重访张家界的美丽！

小导游多多考考你

1. 小朋友，看完这篇文章，你知道作者是按照怎样的顺序游览张家界的吗？

_____

_____

2. 为什么说黄石寨的游览又别是一番开阔的境界呢？

_____

_____

小导游多多讲心得

"风光如画，如入仙境，流连忘返之处，竟有点乐不思蜀了。"
"它日有暇，我定当重访，重访张家界的美丽！"这是我们共同的心声。

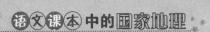
张家界的小吃

一提起张家界，人们首先要想到的是"千峰插地，万壑峥嵘"的自然景象，即神奇、险峻、原始、清新的山水风光。可是，你知道张家界别具风味的地方小吃吗？那可真是大快朵颐的美味啊！在这里，我不妨带您去光顾品尝一番。

张家界是一个多民族的聚居地，所以这里的小吃，也带有浓厚的民族和地方特色。当你漫步在张家界市区大街小巷的各饮食店、摊店前，你肯定

团馓

能吃上一种叫"团馓"的糯米馓子。这是当地苗族、土家族、白族和汉族人民都爱吃的特产。它采用地道的上等糯米，经浸泡后加芝麻、花生米、绿豆等上笼蒸熟，倒入一种特制的木板做底、围篾做圆圈的容器模子内，将其压平，再用当地一种农村栽种的紫果在上面画上各种各样图案，冷却后取出晒干，晒干后的团馓便于储藏，吃时用油炸酥，其外表油光闪亮，但油而不腻，香甜脆口，老少皆宜。

在张家界，与团馓一样齐名的是一种叫"炒米"的小吃，它的制作与团馓也有类似之处，将糯米浸泡后蒸熟，倒在竹簟上冷却捏散，晒干成颗粒，吃时，放入锅中拌沙炒，颗粒膨胀，用筛子筛去沙子，便成"炒米"，炒米可干食，也可用开水加糖或放入甜酒中泡食，其味清香爽口，口味绵绵。

张家界的糍粑很有特色，这里的土寨苗乡人民，流行过年"打粑粑"的习俗。粑粑形状各异，有方的、圆的，也有呈菱形的。特色也不一样，有糯米做的、小米做的，黏米与糯米拌和做的，也有玉米和糯米拌和的，此外有的还用黏米与糯米磨成粉，用水拌和捏成粉团子，蒸熟，嵌入刻有图案的木模具，俗称"模粑"。这里的苗族、土家族、白族同胞，家里有人做寿或满十，都要做几十斤大米，除了在酒席上人人发到之外，还要挨家挨户送到，叫做"添寿"，以此庆贺。

张家界的糍粑以大著称，大者直径约半米以上，过年家家都要打糯米糍粑，所谓打糯米糍粑，就是把蒸熟的糯米饭放入特制的石臼中，然后两人对站，杵成泥状。

您要是在春夏之交时节到张家界旅游，还能吃上一种美味的沾上山野气味的蒿子粑粑，这里至今还流传着一种"三月三，蒿蒿粑粑扎蛇眼"的风俗，即每年农历三月初三，村民进山采摘香蒿（野生草本植物，面绿、叶底微白带绒毛），香蒿洗净磨碎，拌上糯米粉，用红糖、黄豆粉作馅心，做成滚圆的粑粑，蒸熟，放进田堾、屋眼堵塞，不让毒蛇出洞，使人畜免遭其伤害。蒿子粑粑香甜可口，具有清热解毒，舒肝明目的药效。

在张家界，还有一种叫"蓼叶子粑粑（哈皱粑）"的美食。它由糯米粉、黏米粉、红薯粉、小麦粉、谷芽粉等拌和，用蓼竹叶或芭蕉叶包成一对圆柱形粑粑蒸制而成。外观油黑透亮，香甜可口，营养价值特高。

　　你若有兴趣，不妨到茶馆去小憩片刻，喝一口香茗，解解旅途之劳，不论哪家茶馆，服务小姐总是那样热情周到，使您有一种宾至如归的感觉。她会递给您茶单，供您点茶。茶有本地的名茶："青岩茗翠"、"龙虾花茶"、"黄狮寨云雾茶"、"天岩毛尖"、"索溢毛尖"等。"青岩茗翠"采自海拔1000多米的黄狮寨桃枢界，茶叶品质极佳，所含的氨基酸、咖啡碱等有效成分高于其他茶类，其外形条索紧结，圆深弯曲、银毫满枝、色泽翠绿、香气独特，滋味醇厚甘甜，汤色碧绿明亮，饮后令人心旷神怡。

举例典型，突出特色。

　　"龙虾花茶"是武陵源风景区优质茶叶，外观条状头大身肥，尾弯曲，状如龙虾尾，香气清新悠长，具有独特的天然花香，汤色澄黄而清澈，滋味浓醇鲜爽，有特殊韵味，饮之香味长久，沁人心脾。

小导游多多考考你

1.小朋友，看完这篇文章，你知道张家界都有哪些小吃了吗？

_____

_____

2.小朋友，你能描述一下"炒米"的制作顺序吗？

_____

_____

小导游多多讲心得

　　这么多好吃的小吃，你是不是已经垂涎欲滴了呢。作者不仅给我们介绍了小吃的制作和特点，其中还饱含了作者对这些小吃的赞美之情。

资料箱

张家界的四怪是什么？

月亮垭——奇怪的月亮：太阳是红色的，月亮是白色的，这普通常识连三岁小孩都懂。可在武陵源的月亮垭，却能看到红色的月亮，真叫人惊奇不已。月亮垭的红月亮，一般是在春夏季的中旬，发生在久雨初晴的晚上八、九点钟的时候。圆圆的月亮，象早晨初升的太阳，血红血红发出黄昏时的光环，把贺龙公园、石家檐、神堂湾一带照得通明如晨曦初照，给那直插云霄而静谧的大峰林染上一层金色。这种现象大约可持续一个多小时。另外还有神堂湾——奇怪的响声、西海——奇怪的光环、金鞭溪——奇怪的影子。

桂 林

小导游多多的资料袋

　　桂林，位于广西东北部，是世界著名的旅游胜地和历史文化名城。桂林地区属岩溶地貌，据地质研究，大约在三亿多年前，桂林原是一片汪洋大海，由于地壳运动，海沉积的石灰岩上升为陆地，后经风化和溶蚀，形成了神姿仙态的峰林，幽深瑰丽的溶洞和神秘莫测的地下河。这些独特的喀斯特地貌与景象万千的漓江及其周围美丽迷人的田园风光融为一体，形成了独具一格、驰名中外的"山青、水秀、洞奇、石美"的"桂林山水"，并有了"桂林山水甲天下"的美誉。

课文再现

　　《桂林山水》（人教版四年级下册）课文描绘了桂林山水的秀丽风光，赞美了祖国的锦绣河山。表达了作者热爱祖国大好河山的思想感情。课文是围绕"桂林山水甲天下"一句，按照"总—分—总"的顺序抓住桂林山水的特点进行具体描写的。

小导游多多有话说 <<<<

　　嗨！大家好！我是你们的小导游多多，读了这篇文章，你是不是被桂林山水的美景吸引了呢，是不是很想去桂林看一看呢？下面就让我带领你们看看桂林的山水吧！

我爱桂林

俗话说："桂林山水甲天下"。我这次来到桂林，才真正领略到桂林风景的美。

桂林的山真奇呀。我攀登过黄山，玩赏过香山，却从来没见过桂林这一带的山。这一带的山像身背竹篓的老人，像正在写字的钢笔，像在吃草的大象，像在爬山的乌龟……千姿百态、形态万千。

其中给我印象最深的是九马画山，九马画山有一个美丽的传说，使我至今难忘：从前有个小孩儿，非常懒惰，并且还爱在自己觉得不妥的地方加上一两笔。一天，他跑出来玩，见一座山壁光秃秃的，很不妥当，就拿着画笔画了九匹马，因为他很懒惰，九匹马中有的画了头，没尾；有的只画了尾，没头。后来人们为了记住这个有趣的故事，故命名"九马画山"。

桂林的溶洞真美呀。比如在芦笛洞内，有各种奇特的钟乳石、泥塑和水中映象。我印象最深的是自然形成的钟乳石，从洞顶直到洞底，因此得名为"顶天梁柱"。还有泥塑的简易的万里长城，从山海关到八达岭之间

钟乳石

非常美妙逼真，把一小根蜡烛放到山海关与八达岭城楼上当做烽火，从远处看，像是有一人在举着火把高呼："中华人民共和国万岁！"另外"杨贵妃洗澡"，这一水中映象我最喜欢，在洞顶上，借助微弱的灯光，模模糊糊映出杨贵妃洗澡时的欢快情景。

漓江的水真清呀。坐在轮船上，来观赏漓江的水不禁让人称绝：它清澈见底，不见一丝杂质，犹如一面镜子，把绿水、怪石映入其中；它又如一位身穿绿衣的少女，安静地、凝神地注视着我们。此时，真正体会出漓江水的清、静、绿。

运用比喻、排比的写法突出漓江水的特点。

漓江还给人们增加了不少收入，漓江江底的沙石很光滑，捞上来，把它们雕成工艺品，一个很小的工艺品就得十元钱。漓江，它像一位善良、无私、默默奉献的母亲，把自己一切宝贵的东西全部奉献给了子女们，把它优美的景色献给人们，吸引了无数中外游客。

桂林，我爱你那柔美的风景，更爱你慈母般的奉献精神。

小导游多多考考你

1.小朋友，看完这篇文章，你知道作者为什么爱桂林吗？

_____

_____

2.文中给你留下印象最深的是什么？

_____

_____

小导游多多讲心得

桂林的山奇，溶洞美，水静、清、绿，给人以美的享受。同时我们从这里感受到无私的奉献精神，这也正是我们应学习的美德。有机会我会再置身于此的。

梦幻象鼻山

我到桂林的第一天就去了象鼻山。

象鼻山中间有个大溶洞，恰好把鼻子和身体分开，一头活生生的大象展现在眼前。它的鼻子伸向水里，好像在喝水。关于象鼻山还有个传说呢。古时候，大象是漓江百姓的朋友。它们帮人们耕田、运货，人们待它们就像对自己的亲人一样。皇帝听说了这件事，起了贪念，想把大象占为己有，供自己玩乐。他亲自带领官兵到桂林来捉象。漓江的百姓为了保护自己的朋友，纷纷拿起武器与官兵抗争，但却死伤无数，尸横遍野，血流成河。象群守在百姓的尸体旁，阵阵哀鸣，迟迟不肯离去。忽听一声长啸，领头象双目含泪，向皇帝直冲过去。皇帝一看，正好，看我来降服你！他一个跟头跃上了

象鼻山

象背，拼命想驯服它。领头象哪里肯听他的话，左颠右颠，眼看就要把皇帝给摔下来了。皇帝气得眼都红了，拔出宝剑一下刺进了象背。这一刺，痛彻心肺，领头象拼出了最后一点力气，将皇帝猛地摔到地上，再一脚踏上去，踩死了这个凶残的皇帝。但它自己也身受重伤，倒在了漓江边，再也没有站起来。慢慢地，它的身体化作了一座山，鼻子伸进漓江里喝水，永远守护着这里的人民。这就是如今驰名中外的象鼻山，而山上的宝塔，就是皇帝那把宝剑的剑柄。

象鼻伸入漓江形成的水月洞犹如一轮明月浮于水面，留下了"水底有明月，水上明月浮，水流月不去，月去水还流"的千古绝唱。宋代张釜有诗云："水际空明月正圆，人行月里水如天。"地理学家徐霞容曾有描绘："上既空明如月，下复内外莹波。""象山水月"得名于此。象山水月洞又称朝阳洞，古人在此观日出并作诗刻于石洞上方。在夜晚来临时，水月洞就会形成倒影，在水中似乎也有一轮弯月。

> 引用诗句，淋漓尽致地再现水月洞的美。

象鼻山真是桂林一道亮丽的风景！

小导游多多考考你

1. 小朋友，你知道象鼻山的美丽传说吗？

_____

_____

2. 水月洞与象鼻山有怎样的关系呢？

_____

_____

小导游多多讲心得

从美丽的传说到如诗如画的景观，牵动着古今中外人士的心，我们会再踏上去桂林的旅途的。

📖 **资料箱**

桂林形成喀斯特地貌的原因

　　桂林山水是十分典型的喀斯特地貌，其成因：（1）桂林地区石灰岩广布，岩石的可溶性、透水性都很好。（2）强烈的流水侵蚀作用，使石灰岩受到大面积的溶蚀。（3）桂林旺盛的生命活动和土壤中有机质的积累，导致土壤和流水中有机酸的含量较高，为喀斯特地貌形成创造了条件。

天山

小导游多多的资料袋

天山是中亚东部地区（主要在中国新疆）的一条大山脉，横贯中国新疆的中部，西端伸入哈萨克斯坦。古名白山，又名雪山，冬夏有雪。天山的雪峰——博格达峰上的积雪终年不化，人们叫它雪海。在博格达的山腰上，有一个名叫天池的湖泊，海拔1901米，深约90米。

池中的水都是由冰雪融化而成，清澈透明，像一面大镜子。洁白的雪峰，翠绿的云杉倒映湖中，构成了一幅美丽的图画，是新疆著名的旅游胜地。

课文再现

《七月的天山》（人教版四年级下册）本文是一篇文字优美，脉络清晰的抒情散文，课文从天山的水、树、花三个方面展示了天山的景物特点。字里行间流淌着大自然的美，洋溢着作者对大自然的热爱之情。

小导游多多有话说 <<<<

嗨！大家好！我是你们的小导游多多，读了这篇文章，你是不是想去天山游玩呢，是不是很想去看看天山的雪莲呢？下面就让我带领你们看看不一样的天山景色吧！

游览美丽的天山

　　天山是我国西北边疆的一条大山脉，连绵几千里，把广阔的新疆分为南北两半。从远处看，天山就像一位头戴银冠的美丽少女，向我们微笑着。我们经不住天山的吸引，一次又一次重游天山。

　　车行驶到半山坡，我们看到许多的蒙古包，它们就搭在树荫下，或是靠近路边的草地上，牛羊在附近吃草，如果有汽车经过或是行人叫它，它便抬起头来，友好地朝人叫一声，甩甩尾巴，然后继续吃草，而热情的蒙古包主人则会招呼你，到他的蒙古包做客，让你品尝他们自制的酸奶疙瘩。如果你想试一试骑马，他们会带你兜一圈。美丽健康的哈萨克小姑娘主动跟我们打招呼，教我们玩她们的游戏。虽然她们不会讲普通话，但看得出她们很高兴和我们一起玩。

　　沿着溪流走进山去，溪水很清澈，水底的石头都看得清清楚楚，水流很缓，完全没有山下那样哗哗的流水声。伸手去感受一下溪水，"哇，好冰凉呀！"这是从山顶上融化的天山雪水，能不冰凉吗？阳光透过树叶的缝隙洒下来，落在草地上，一切都是那么宁静、安详。

　　到了山坡顶上，坡上长满野花，黄的、白的、紫的……真是一片花的海洋。我们采来各种颜色的花，编成花环，戴在头上、脖子上……在草丛中，在野花丛中，在树根旁边，都长着又大又白、顶着一把小伞的蘑菇，我们摘了这个又舍不得那个，恨不得把所有的都摘走。你仔细看，草丛的叶子下面藏着什么，星星点点的红色，啊！是草莓，小小的，甜甜的，真香！

天山，美丽的天山，那里有最蓝的天空，最洁白的云，最自由的鹰，最美的花朵，最热情的人……我将永远热爱这里的山，这里的水，这里的野花……

1.小朋友，看完这篇文章，你知道作者是按照什么顺序写天山的吗？

_____

_____

2.作者主要描写了天山的什么景物？各有什么特点？

_____

_____

　　天山真是太美丽迷人了，整体上我们可以按照游览的顺序来写。但在描写其他景物时，可以运用不同的写作方法，抓住景物特点来写。在写景的过程中我们要写出自己的真实感受，是喜欢还是厌恶要表达清楚，让人明白你对景物的看法。

天山雪莲

　　千百年来，带有神秘色彩的天山雪莲作为一种稀有的名贵药用植物，一直是人们梦寐以求的佳品。

雪莲，是菊科风毛菊属雪莲亚属的草本植物，广义的雪莲泛指雪莲亚属（23种）和雪兔子亚属（26种）两大类，共有49种。我国有48种，主要分布在新疆、西藏、四川、青海、云南、甘肃等省（区）。前苏联中亚及西伯利亚也有分布。雪莲在海拔2500～5800米的高山上，尤以雪线（海拔4000米以上的终年积雪地带）附近的悬崖峭壁和流石滩间最多。其中最著名的是生于新疆天山、阿尔泰山、昆仑山雪线附近的岩缝、石壁、冰碛砾石滩中的天山雪莲，因其苞叶形如花瓣，盛开时如大朵莲花，故名雪莲花、雪荷花。哈萨克、维吾尔等少数民族称雪莲为"卡尔莱丽"，意为雪中莲花，过去高山牧民在行路途中遇到雪莲时，被认为有吉祥如意的征兆，并以圣洁之物相待。分布在2000米左右的石隙中的雪莲，则被叫做"石莲"。

　　雪莲的生长地环境恶劣，气候多变，月平均气温最高在3～5℃，月平均气温最低在-19～-21℃，年降水量约800毫米，无霜期仅有50天左右，一般植物难以生长，只有少数耐寒、耐低温的苔草属、蒿草属等高山多年生草本植物与之伴生。雪莲在这种高山严寒条件下，适应各种复杂气候环境：种子在0℃发芽，3～5℃生长。幼苗能经受-21℃的严寒，其地下部分可忍受-30℃以下低温；能在-5℃下正常发芽生长，花朵可在-5℃的寒风中傲然开放。由于生长期短，雪莲能在较短的时间内迅速发芽、生长、开花和结果，这在生物学上也是相当独特的。

　　雪莲对高山恶劣环境的适应令人惊叹，这其实是在长期的生物进化过程中，适应青藏高原隆起的寒旱环境而特化的一种顶级植物。茎、叶上密生的白色绵毛，相互交织形成了无数的小室，室中的气体难以与外界交换，白天在阳光的直接照射下，它比周围的土壤和空气所吸收的热量要大，而绵毛层又可使机体免遭强烈日光辐射的伤害。密集于茎顶端的头状花序，常被两面密被长绵毛的叶片所包封，犹如穿上了白绒衣，以保证在寒冷多风的高山环境中正常传宗接代。雪莲的细胞内积累了大量可溶性糖、蛋白质和脂类物质，能使细胞原生质液的结冰点降低。当温度下降到原生质液冰点以下时，原生质内的水分就渗透到细胞间隙和质壁分离的空间内结冰。原生质体则逐渐缩小，不会受到损害。当天气转暖时，冰块融化，水分再被原生质体吸收，细胞又恢复到常态。雪莲的根系粗壮深长，穿插在砾石和粗质的土壤

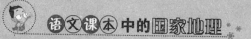

里，达数米之长。雪莲就是靠这些特性，生存于高寒之地。

作为传统的名贵中药材，《中药大辞典》中记载其具有除寒、壮阳、调经止血，治风湿性关节炎、外伤出血的功用。

在新疆民间，雪莲更是家喻户晓，习用已久。在藏医藏药上，雪莲花作为药物也有悠久的历史，早在8世纪藏族古代医药文献《月王药诊》中就有雪莲的记载。

可是，过度的开发利用和自身的生物学特性已经成为雪莲濒危的主要原因。

以前由于生长环境所限，雪莲仅局限于高寒地区人民使用。近年来，随着西部大开发的展开、旅游业的兴旺，以及各种武侠小说等文化载体的广泛传播，人们对雪莲的关注度日渐提高，利用雪莲制成滋补品的热潮一浪高过一浪。每年对雪莲的原植物需求量在百吨左右，极大地刺激了对雪莲掠夺性地采挖和收购，全国各地到新疆高价求购者络绎不绝，收购价格逐年递增，有段时间曾达到每克30元，一朵雪莲花重30~40克。换句话说，也就是千元以上才可以买到一朵雪莲花。高昂的利益驱使盗掘者争先恐后狂挖不止，对种质资源造成了毁灭性的破坏。

在全球变暖的背景下，天山山脉积雪面积逐渐减少，积雪时间缩短，近10年来，雪线上升，适宜雪莲生存的环境不断缩小。二十世纪五六十年代，天山雪莲可生长区域面积大约有500027亩，现在仅剩不超过100027亩。2000年，博格达峰海拔2500米处成片的雪莲随处可见。目前，在海拔3500~4000米的雪山之上才能看到一些雪莲的踪影。

中国科学院新疆理化技术研究所专家在对天山雪莲的生存现状进行科学考察后称，"如果再像现在这样不加保护地采挖雪莲，不出20年，这种珍贵物种将可能从地球上消失"。

1.看完这篇文章，你是否了解了雪莲的特性呢？它最突出的特点是什么呢？

_____

_____

2. 小朋友，当你去美丽的天山游览，当你看到那美丽的天山雪莲，你有什么感想呢？

_____

_____

小导游多多讲心得

　　文章读完了，原来那开遍天山山麓的雪莲花有那么独特的性质，它如此坚强地生长于寒地，使我不禁对天山雪莲肃然起敬。可是，这么美丽的雪莲也在渐渐消失，作为人类的我们难道要视而不见吗？

黄 河

小导游多多的资料袋

　　黄河是中国第二长河，世界第五长河，世界上含沙量最多的河流。黄河，中国的母亲河，若把祖国比作昂首挺立的雄鸡，黄河便是雄鸡心脏的动脉。它见证了中华人民共和国伟大的发展。黄河流程达5464千米，流域面积达到752443平方千米，上千条支流与溪川相连，犹如无数毛细血管，源源不断地为祖国大地输送着活力与生机。《汉书·沟洫志》把黄河尊为百川之首："中国川源以百数，莫著于四渎，而黄河为宗。"

课文再现

　　《黄河是怎样变化的》（人教版四年级下册）本文通过描写黄河流域的自然条件由好变坏的过程和黄河变化的原因，告诉我们要保护好森林资源，保护好环境，否则就会受到大自然的惩罚。

小导游多多有话说 <<<<

　　嗨！大家好！我是你们的小导游多多，读了这篇文章，你是不是很想一睹黄河的风采啊？是不是很想去看一看这条被誉为中华民族"摇篮"的母亲河为什么变得多灾多难了？下面就让我带领你们到黄河边看看吧！

游黄河壶口瀑布

　　每当我看见相册里那张照片时，就情不自禁地回想起去黄河壶口瀑布浏览的情景。

　　记得那年暑假，我和爸爸单位的同事及家属一行二十余人去延安旅游。第二天，骄阳似火，是个难得的晴朗天气，我们这个小小的旅游团在导游姐姐的带领下，乘着空调车向壶口进发，经过三个多小时的路途颠簸，我们终于到达了目的地——黄河壶口瀑布。爸爸拉着我的手下了车，我们走在由一块一块石头砌成的小径上，老远的，就听到了壶口瀑布那涛声轰鸣、惊天动地的声音，心里禁不住地想：一听声音就知道瀑布有多可怕啦，我要是掉进壶口瀑布里那该怎么办呢？想到这里我牙齿咬得吱吱响，腿也发起抖来。

　　同伴看我那胆小的样子，嬉皮笑脸高声和小朋友们喊着："胆小鬼！胆小鬼！"哼，这不是让小孩子们看我的笑话吗？于是，我壮了壮胆，昂头和爸爸向瀑布走去。

语言流畅简洁，心理描写间接衬托出了壶口的雄伟壮观，为下文作了铺垫。

　　我们来到了瀑布边，爸爸惊叹道："啊！好伟大啊！好壮观啊！"再看看胆小如鼠的唐虎子呢，则早被吓得哇哇大哭起来。在瀑布的周围站满了观赏的游人，我们也赶紧选了个最佳观赏点尽情感受这瀑布雄壮的气势，只见瀑布激浪滔天，气势非常壮观。近观飞瀑，其势如千山飞崩，四海倒顷，显得是那么苍茫、那么厚重、那么粗狂、那么雄浑。耳闻瀑布震耳欲聋的轰鸣，目睹瀑布气势恢弘的景象，游人们都无不叹谓"壮哉！壮哉"！这时导游姐姐向游人们讲解起来："壶口瀑布是世界上最大的黄色瀑布，它处在山西省吉县西南25千米处，黄河流经此处时，由于两岸高山挟持，河水犹如进入一个狭窄的瓶颈，由原来的300米遽然缩减至50多米，最后形成落差二三十米的壶口瀑布……"我还听见一位游人正给他儿子介绍着：因为这地方的黄河像水壶注水，因此得名"壶口"。哦，原来是这样，我轻轻地点点头……

壶口瀑布

时间很快就过去了，马上要离开气势磅礴的黄河壶口瀑布了，我们抓起一把黄河沙，捡起一块黄河石装进袋子里，作为壶口瀑布的珍贵留念。爸爸对我说："来照一张相吧！"于是，我站到那礁石旁，双手举得高高的，大声呼喊着："壶口瀑布！我——爱——你！""咔嚓"一声，这张照片就永远地珍藏在我心爱的影集里了。

啊，我永远也忘不了去黄河壶口瀑布游览的情景。以后要是有机会，我还会再去领略那黄河壶口瀑布的壮丽景色的。

1.小朋友，看完这篇文章，你知道作者是按照什么顺序写壶口瀑布的吗？

_____

_____

2.你知道这个瀑布为什么叫壶口瀑布吗？

_____

_____

小导游多多讲心得

　　壶口瀑布实在是太壮观了，作者是按由远到近的顺序描写的。当写壶口瀑布的气势时，运用多种感官来写，使读者有身临其境的感觉。另外，作者做到了前后照应。

黄河的民间故事

黄河

　　从前，有一个小伙子叫黄河，长得一表人才，骑的是烈马，拉的是硬弓，百步之内，指哪里射哪里，分毫不差。每天早晨日头一冒红，黄河就骑马出去打猎了。每次他都经过一家员外的花园。这天打猎回来，他又经过那花园，看见墙头上一个十八九岁的姑娘正笑眯眯地望着他。姑娘一甩手扔下了一只手镯就躲到墙后去了。

　　以后一连十多天，黄河再也没见到那姑娘。一打听，原来是那员外知道了此事，把他女儿关了起来。黄河听说后发誓："就是天翻地覆，也要把姑娘救出来。"那员外怕得罪黄河，便出了个难题，让人们在门前搭起架子，上面吊一个铜钱，并四处张贴告示：谁能在一百步之外把箭射进铜钱眼里，

黄河

就把女儿嫁给他。消息传出，穿绸的着缎的纷纷而来。但谁也没能把箭射进钱眼里。

黄河走了出来，挽弓搭箭，只听"飕"的一声，箭像流星似的飞了出去，不左不右正射在铜钱眼里。员外又要求黄河的第二支箭必须将前一支箭顶出，黄河也办到了。员外再出难题，要黄河百步之外不但射下铜钱，还要将钱接住，不许铜钱落地。这时，连看热闹的人都知道员外在存心耍赖。黄河怒火烧心，一扭身子，"飕"的一箭向员外飞去。员外年轻时练过武，头一偏躲过那箭，并连声喊手下人去把黄河抓起来。大家都替黄河抱不平，忿忿地嚷了起来。

黄河挤出人群来到山上，他并不是怕员外来抓他，自己从来是箭不虚发的，这次没有射中，他觉得很丢脸。他决心在深山老林中苦练武艺，练好后再去救姑娘。过了一年，黄河把武艺练得更好了，于是动身去救那姑娘。中午时分觉得肚子饿了，一箭射下个大鸟。大鸟开口说："好汉你不要害我，我能告诉你那姑娘的情况。"黄河一听，忙把箭从大鸟身上拔了下来。

大鸟告诉黄河，员外逼着他女儿跟财主成亲，那姑娘气得跳楼了。临跳时，她大叫着："黄河！黄河！黄河啊……"黄河听了，心像大山崩裂，他"噗"的一下坐在地上，泪珠像泉水一样涌了出来。

> 语言生动有特色。

大鸟吓得飞到天空，往下一看，黄河的眼泪流成了河水，汪洋一片，滚滚向东流去，黄河成了"黄河"啦！黄河的水，总是浪滚翻天。人们说，那是黄河心里愤恨，老想靠近那个村庄去救那个姑娘。

1. 故事讲完了，文中的黄河是一个什么样的人呢？

_____

_____

2. 读了本文你有什么感想？

_____

_____

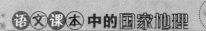

小导游多多讲心得

　　故事读完了，原来黄河就是那条好汉流出的眼泪。故事虽然很夸张，但是我却感受到了人们对黄河的同情。黄河重情重义，这也是我们中华民族的传统美德。

趵突泉

小导游多多的资料袋

趵突泉位于济南市中心区，趵突泉南路和泺源大街中段，南靠千佛山，东临泉城广场，北望大明湖，面积158亩，是以泉为主的特色园林。该泉位居济南七十二名泉之首，被誉为"天下第一泉"，也是最早见于古代文献的济南名泉。趵突泉是泉城济南的象征与标志，与千佛山、大明湖并称为济南三大名胜。如今，趵突泉越来越为世人所瞩目，有"游济南不游趵突，不成游也"之盛誉。趵突泉曾被评为全国十大优秀园林、"十佳"公园和国家4A级景区，是首批国家重点公园。

课文再现

《趵突泉》（人教版四年级下册）本文记叙了济南名胜趵突泉的美丽景色，依次描绘了趵突泉泉水的清浅、鲜洁和大泉、小泉优美动人的姿态，激发了读者热爱大自然的思想感情和爱美的情趣。

小导游多多有话说 <<<<

嗨！大家好！我是你们的小导游多多，读了这篇文章，你是不是被永远那么纯洁，永远那么活泼，永远那么鲜明的泉水吸引了呢，是不是很想去趵突泉看一看呢？下面就让我带领你们感悟一下三大泉水震撼人心的美吧！

游览趵突泉

有句俗话说得好："趵突泉乃天下第一泉！"趵突泉乃是济南的三大名胜之一，另外两个名胜是千佛山、大明湖。下面，我先来讲一讲趵突泉吧！

一走进趵突泉公园，前方就出现了一座石山，让人感觉很宏伟的样子。可我也不管三七二十一，急着找"天下第一泉"——趵突泉。我无意中发现了一个图标，说是趵突泉在北面，我想也没有想，就拉着妈妈和奶奶走。可是，越走越不对劲。妈妈说："我们好像走错了。"我说："不可能走错了，我记得就是这个方向呀！难道路标指错了？"

趵突泉

走着走着，前方突然出现了一个湖，湖的旁边还有一座假山，从假山上面流下来的水形成了一个小瀑布，可好玩了。我禁不住诱惑，拿起手里的照相机，拍下了这一幅画面。我还自我感觉这张相片拍得不错呢！我还想拍张鱼在水里游的照片，不过因为水面上有粼粼波纹，拍下来也是看不清楚的，于是，我就没有拍。

我也有点相信走错了，于是，我们回头向回走。走了好一会儿，只见人开始越来越多。我心想：看趵突泉的人一定很多，在路上的人自然也就多了呀！果然不出我的所料，刚走一会儿，就看见了趵突泉。

我二话不说，拿起照相机，把眼睛瞄准镜头，把镜头调整到最好，然后食指一按拍摄钮，一张趵突泉的相片就完成了。

趵突泉的水可真清呀，清得可以看见那五颜六色的小金鱼在泉水里游来游去；趵突泉的水可真甜呀，古代曾传说喝了泉水可以长生不老、刀枪不入呢！只有天上的神仙才能治服得了。看水面上有很多水泡，有大的、小的，多种多样。又上来了一条小金鱼，一串水泡，一瞬间，水泡炸了。人生也不过如此，我们

模仿桂林山水的句子进行描写，活学活用，值得表扬。

要抓住你显眼的一刻，任意地去炫耀自己，一旦过了这一瞬间，你将会像白开水一样，喝到嘴里，无色无味。

听了我的介绍，你喜欢趵突泉了吧！那就来看一看吧！里面还有更好看的呢！

小导游多多考考你

1.小朋友，看完这篇文章，你知道作者是按照什么顺序写趵突泉的吗？

_____

_____

2. 你对作者的"人生也不过如此，我们要抓住你显眼的一刻，任意地去炫耀自己"这个观点有什么看法？

_____

_____

小导游多多讲心得

> 　　趵突泉真的是太美了，美得让人心醉。那清清的水、那甜甜的水、那不断往上冒的气泡、那自由自在游动的金鱼，无不迷醉我们的双眼。作者按游览的顺序写出了趵突泉的美，让我们也很想亲眼去看看。

趵突泉的传说

齐鲁大地有这么一个地方，这里家家垂柳，户户流水，泉眼布满城市的各个角落。而且每处泉水都有一个美丽的传说。其中一处泉眼，它是三眼齐冒，沸腾豪放，有着大如华盖的名字叫趵突泉。

据说在很久以前，济南城里有个名叫鲍全的樵夫，天天辛勤砍柴，却还是养活不了年迈的双亲。有一次双亲突然得了重病，没钱请大夫，鲍全只好眼看着父母相继去世，而无能为力。从此他就向一个和尚学医，几年中救活了许多老百姓。那时的济南还没有泉水，遇上旱年，甚至连煎药的水也没有，鲍全只好每天早起去担水，为那些买不起水的穷人煎药。

趵突泉

一天，鲍全在担水的路上救了一位老者，并拜这位长者为干爹。干爹看鲍全一天到晚为穷人治病，忙得连饭也没空吃，就说："泰山上有个黑龙潭，潭里的水，专治瘟疫，你要能挑一担潭水回来，每个病人只要滴到鼻里一滴，就能消除百病。"于是给了他一根拐杖作为信物，便让他上路了。鲍全拿着干爹给的拐杖，历尽千辛万苦，终于来到了泰山黑龙潭，却发现这里原来是龙宫，干爹是龙王的哥哥。龙王了解了事情缘由，就让鲍全自己挑一件礼物带回去，鲍全就挑了个里面的水永远也喝不完的白玉壶。鲍全回到济南城后，为很多病人治好了病，州官听说后就派人来抢白玉壶，鲍全把壶埋在了院子里。公差在院子里挖到了白玉壶，却怎么也搬不动，他们一起往外搬，只听"咕咚"一声，突然从平地下"呼"地窜出一大股水，溅起的水花撒满全城，水珠落在哪里，哪里便出现一眼泉水，从此济南变成了有名的泉城。

> 象声词用得好，生动形象。

　　人们为了纪念鲍全，把这泉叫宝泉。很多年后，人们根据泉水咕嘟咕嘟向外冒的样子，又把它叫成"趵突泉"了。

　　城市因传说而美丽，文化因传说而久远。数千年来，咏赞济南泉水的诗词歌赋、书画碑刻一直不断。千百年过去了，很多东西已经在历史的沧桑风雨中远去，唯有清泉长流，吟唱着当年的风流。

1. 故事讲完了，文中的鲍全是一个什么样的人呢？

_____

_____

2. 小朋友，请你课下搜集一下有关咏赞济南泉水的诗词歌赋。

_____

_____

_____

小导游多多讲心得

　　故事读完了，原来趵突泉是为了纪念那个拯救百姓、一心向善的鲍全而命名的。城市因传说而美丽，文化因传说而久远，我们不仅要保护这个名胜，更要把中华民族的传统美德发扬下去。

黄果树

小导游多多的资料袋

黄果树瀑布，位于中国贵州省安顺市镇宁布依族苗族自治县，是珠江水系打邦河的支流白水河九级瀑布群中规模最大的一级瀑布，因当地一种常见的植物"黄果树"而得名，瀑布高度为77.8米，其中主瀑高67米；瀑布宽101米，其中主瀑顶宽83.3米。黄果树瀑布属喀斯特地貌中的侵蚀裂典型瀑布。1999年被大世界吉尼斯总部评为世界上最大的瀑布群，列入世界吉尼斯纪录。它以其雄奇壮阔的大瀑布、连环密布的瀑布群而闻名于海内外，十分壮丽。并享有"中华第一瀑"之盛誉。

课文再现

《黄果树听瀑》（人教版五年级上册）这篇写景散文紧扣一个"听"字，由远及近，从瀑声、瀑形两方面细致、形象地描绘了黄果树瀑布的雄伟气势和壮观景象，表达作者对黄果树瀑布的赞美之情。

小导游多多有话说 <<<<

嗨！大家好！我是你们的小导游多多，读了这篇文章，你是不是被黄果树瀑布雄壮的气势所折服呢？是不是想亲自听一下黄果树瀑布的声音呢？下面就让我带领你们看看这大自然的杰作吧！

游览黄果树瀑布

黄果树瀑布

黄果树瀑布位于贵州安顺地区的镇宁布依族苗族自治县县城西南十五千米处的白水河上。它不仅是亚洲第一大瀑布，也是世界著名大瀑布之一，我国明代地理学家徐霞客考察后曾经写下样的佳句："翻岩喷雾，溪皆如白鹭群飞，一溪悬捣，万练飞空。捣珠飞玉，飞沫反涌，如烟雾腾空，势其雄励……"。

对黄果树的仰慕由来已久，古今文人墨客不乏描绘及称颂其壮丽的名篇佳句。今有幸能亲临其境，一睹雄姿，令我激动不已。

我随着旅游团驱车向西，地无三尺平的贵州多山且雨量充沛，山峦迭起，葱茏秀丽，故有森林城市的美誉。一路听着导游的介绍不觉已经来到了目的地。

随着由远及近的水的轰鸣声，我急急地挤过前涌的人群，在人们啧啧赞叹中我看见了令我心驰神往的黄果树瀑布！只见约有八十米宽的白素在灿烂的阳光下，光洁耀眼，从六十多米高的峭崖上泻泻而卜，确有"素影空中飘匹练，寒声天上落银河"之壮观。来到凌空而立的观瀑亭，亭柱上刻有一副对联：白水如绵，不用弓弹花自散；红霞似锦，何须梭织天生成。把雄伟的瀑布描绘得妩媚而诗情画意。

我依着亭栏，隔着河谷，俯瞰着黄果树瀑布，阵阵瀑声如万鼓擂响，惊天动地，摄人魂魄。犹如千军万马，在硝烟四起的战场上厮杀与奔啸中跌入

万丈深渊——深不可测的犀水潭！复又卷起千堆雪，翻涌腾空，飞珠溅玉，随风扬起层层薄雾，弥漫于河流之上。何等的雄壮！极目望去，两岸嶙峋的石壁上，挂满了郁郁葱葱的水草，被水雾淋漓的翡翠，青绿的树木，洁白的瀑布，湛蓝的天空勾勒出一幅秀美壮丽的山河图！我不禁惊叹大自然的神奇和伟大。

沿着崎岖而湿漉漉的山径，整个人浸润在蒙蒙雨雾中，无比的清凉和诗意。临近水帘洞时，只见潭面横越起一道彩虹，七色霓彩与白雾相映成辉，显得格外的明艳迷人，又若隐若现，虚无缥缈，心底不禁涌起"万里晴空抛碧纱，飞雪喷珠耀彩虹"的美丽诗句。

此时彩虹随着我的步伐已跃临山径上，我欣喜地追上去，似乎身轻如燕，张开双臂，想一拥那瑰丽的色彩，可它又俏皮地失去了踪迹，不禁怅然若失。

走进水帘洞，从洞窗口观望巨瀑，宛如布依族姑娘的织锦，流动的丝线，急促的飞梭，织就成了一道天然的屏障。在阴凉的洞中，像依偎在巨人的怀抱之中，感觉极其的安全与宁静，丝丝山风和冰凉的滴水，沾湿了我的脸和身躯，我如同被亲吻般陶醉。而洞外却是另一番景象，层层叠叠的巨流，如万箭齐射，狮吼阵阵，凶险万分！

> 运用优美的比喻句，写出了瀑布的动态美。

身后紧随着游人不断催促，我只得往前行走，穿过水帘洞，沿着河谷山崖蜿蜒而下。望着那滚滚而来的河流洋洋洒洒地向南而去，心中陡然升起一股豪情，我身后的怒吼声仍不绝于耳，似乎是巨人的咆哮，是振奋人心的呐喊，无形中给人以无穷的力量和拼搏奋进的精神，激励人们勇往直前！

1.小朋友，看完这篇文章，你知道作者是按照什么顺序写黄果树瀑布的吗？

_____

_____

2.同学们，读了这篇短文，你感受最深的是什么？为什么？

_____

_____

小导游多多讲心得

　　黄果树瀑布真是太有气势了，难怪作者从那瀑布的怒吼声中感受到了无穷的力量和拼搏奋进的精神。作者按照游览的顺序写了黄果树瀑布美丽的景观，在描写瀑布具体景色时又按照由远到近、由上到下的顺序写的。本文语言也很有特色，写得洋洋洒洒，很有气势。

黄果树瀑布传说

黄果树瀑布

　　黄果树大瀑布飞流直泻，如捣玉崩珠。马蹄潭、犀牛潭激浪翻涌，似千堆白雪。水沫腾起半空，飘飘洒洒而下，丽日辉映，一道斑斓彩虹横跨马蹄潭上，变成连接瀑布两岸的彩桥。这幅美景，有一个美妙的传说——

　　讲述的是三国时期诸葛孔明南征的故事。关羽的儿子关索奉孔明之命率本部兵马南征，来到黄果树瀑布畔，只见白水河拦住前路。河虽不宽，却是水深流急，上下百十里并无一座桥可过河，亦无舟楫可用。关索只得传令，大军在河西岸扎下营来，派人伐木造舟。造好一只木船，关索令军士抬到河里试渡。殊不知河水特别湍急，船划不到对岸去，却被冲着往下游漂，漂去不远，栽下黄果树大瀑布，船碎人亡。关索又下令开山取石架桥。千百个军士一天到晚在西山下叮叮当当敲打，却打不得几块石头。这里的石头像铁一样硬，一锤砸去连印子都不起一个。许多军士的虎口震裂了，腰杆累断了，才

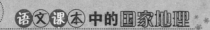

打下一堆石块，勉强够架一座小桥。

关索军正准备动手架桥的头天晚上，西山顶上下来一个白胡子老头，骑着一匹长犄角的小马，腰间挂一个圆溜溜的葫芦。老头悠悠然然来到采石场，取下腰间葫芦，在采下的石块上每块滴一滴水，滴完后连人带马都不见了。

> 通过外貌、神态、动作刻画人物，很有特色。

第二天，军士们用那些石头去架桥。桥架好后，关索亲自骑着战马领头从桥上过河。谁知，原来比铁还硬的石头，却变得跟豆腐一般软了。关索的马刚一踏上桥，桥就坍塌了。关索和马一起掉下河，马蹄在豆腐似的石头上踏出一个大蹄印，就是现在的马蹄潭。幸得关索骑的是一匹白龙马，落下河后，马一跃，又把关索驮上岸来，关索才没有被水淹死。

这时，白胡子老头又出现了。

他问关索："你为何要带兵来此？"

关索道："奉主公和军师之命，拓展西蜀疆域。"

白胡子老头又问："此地百姓愿归顺你家主公吗？"

关索猜想，这个老神仙一定是此处山民的首领了。急忙下鞍，对白胡子老头跪拜道："我家主公顺天意，心怀天下百姓，万望老神仙辅助，同创万代大业。"

白胡子老头听关索说的在理，见蜀军并无恶意，便答应帮忙渡河。他骑着长犄角的小马走了，第二天就带来九个仙女般的南国姑娘。九个姑娘人人背着一大包七色丝线，拿一只亮闪闪的银梭。

九个姑娘在瀑布边织锦。织了九天九夜，织出九千九百九十九匹色彩鲜艳的锦缎。白胡子老头把锦缎一匹匹往大瀑布下的河流上空一抛，变成一座五彩斑斓的大桥。关索率军马平安过了桥，辞别老神仙和仙女，往南进发。

1. 故事讲完了，文中的白胡子老头是一个什么样的人呢？

2. 同学们，你觉得传说中九仙女织出的五彩桥跟黄果树瀑布有联系吗？为什么？

_____

_____

 小导游多多讲心得

　　故事读完了，原来那座横跨马蹄潭上的斑斓彩虹变成的彩桥有着这么一段美丽的传说。这座桥承载了华夏的统一大业，记载着中华民族顾全大局的传统美德。

📷 小小资料箱

贵州第一胜景

　　著名的黄果树大瀑布，是贵州第一胜景，中国第一大瀑布，也是世界最阔大壮观的瀑布之一。黄果树大瀑布的实际高度为77.8米，其中主瀑高67米；瀑布宽101米，其中主瀑顶宽83.3米。分布着雄、奇、险、秀风格各异的大小18个瀑  布，形成一个庞大的瀑布"家族"，被大世界基尼斯总部评为世界上最大的瀑布群，列入世界吉尼斯记录。黄果树大瀑布是黄果树瀑布群中最为壮观的瀑布，是世界上唯一可以从上、下、前、后、左、右六个方位观赏的瀑布，也是世界上有水帘洞自然贯通且能从洞内外听、观、摸的瀑布。

青海湖

 小导游多多的资料袋

青海湖是我国最大的咸水湖，烟波浩渺，天水一碧，青海湖的西北隅，距布哈河三角洲不远的地方，有两座大小不一，形状各异的岛屿，一东一西，左右对峙，傍依在湖边。这两座美丽的小岛，就是举世闻名的鸟岛。鸟岛，因岛上栖息数以十万计的候鸟而得名。美丽的青海湖鸟岛，是鸟儿的乐园，也是青海高原的一大奇观。近年来，人们在鸟岛南部设立了鸟岛管理站，又将鸟岛南部划为自然保护区。

课文再现

《鸟岛》（苏教版二年级下册）本文主要写了闻名中外的青海湖鸟岛春夏两季的景象和鸟儿活动的情景，字里行间流露出了对鸟岛的喜爱，让我们感受到鸟岛是一个鸟的世界，鸟是人类的朋友，激发我们喜爱鸟类、保护鸟类的情感。

 小导游多多有话说 <<<<

嗨！大家好！我是你们的小导游多多，读了这篇文章，你是不是被鸟岛的美丽神奇吸引了呢，是不是很想去鸟岛看一看呢？下面就让我带领你们看看别具特色的鸟岛吧！

课外链接

游青海湖鸟岛

鸟岛

冬去春来，我们登上去西宁的火车。一路上风驰电掣，窗外的景色变得有些模糊了。我看着看着，渐渐地进入了梦的故乡。也不知过了多长时间，火车到了西宁站。我们走出了火车站，来到了西宁市。

第二天，我们便登上了旅游团的汽车，向青海湖开去。一路上，大部分树木和草还是枯黄的，但是在这些黄草丛中隐约可见那些刚发芽的绿草。一路上的景色真是美不胜收。瓦蓝瓦蓝的天空，雪白雪白的云朵和一望无垠的草原。

我们已经在车上坐了三个多小时，大家都显得无精打采。突然，我眼睛一亮，问题顿时涌上心头：天地之间怎么有一条蓝蓝的细线？我问："叔叔，你知道那条细线是什么吗？""哦！其实那就是青海湖，它的占地面积有四千四百五十平方千米，海拔三千二百米。是我国最大的内陆咸水湖。一开始，青海湖是一个淡水湖，由于以前青海这边很少下雨，再加上太阳照射，水分便上升形成蒸汽，而较重的盐却下沉，天长日久，它的盐分越积越多，便形成了咸水湖。"导游叔叔绘声绘色地介绍完了青海湖。说话间，那条蓝"线"已经变得很宽了，湖面也能看见了。湖水的颜色可随天气的变化和水的深度不同而变化。湖面上，快艇、游船，好像是青海湖上的一朵朵白花。

> 形象的比喻，突出了快艇、游船在湖面上的形态。

大约过了四个小时，我们到达了目的地——鸟岛。买了门票，又大约行了十七千米，我们走上观鸟台。面对着这些触手可及的鸟类，我有点不知所措。导游叔叔说："你只要把小馒头块或面包块挥动一下，然后扔向空中，他们自然就会接住了。"我扔了一块，一只棕头鸥灵敏地一叼，哈哈！它把我扔的食物叼住了。导游叔叔说："这里每年四至七月都有数百万只候鸟汇集于不足一平方千米的岛上，翱翔于蓝天，戏游于碧波，熙熙攘攘，热闹非凡。这里不光有棕头鸥，还有斑头鹰、鱼鸥、大天鹅、鹤类、鸬鹚和鸭类。"

"好啦！集合。"导游的哨声响起了。我恋恋不舍地上了车，离开了鸟岛。我爱青海湖，爱鸟岛，爱这里的春天。它将永久地留在我的脑海中，它是我心田的一块净土。

1.小朋友，看完这篇文章，你知道作者是按照什么顺序写的吗？

2.为什么作者说青海湖鸟岛是他心田的一块净土呢？

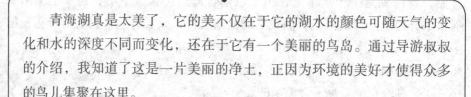

青海湖真是太美了，它的美不仅在于它的湖水的颜色可随天气的变化和水的深度不同而变化，还在于它有一个美丽的鸟岛。通过导游叔叔的介绍，我知道了这是一片美丽的净土，正因为环境的美好才使得众多的鸟儿集聚在这里。

青海湖裸鲤

青海湖裸鲤俗名湟鱼，也叫无鳞鱼，学名普氏裸鲤。属鲤科裂腹鱼亚科裸鲤属。体长，稍侧扁，头锥形，吻钝圆，口裂大，亚下位，呈马蹄形上颌略微突出，下颌前缘无锐利角质。下唇细狭不发达，分为左右两叶，唇后沟中断，相隔甚远，无须。体裸露，胸鳍基部上方、侧线之下有3～4行不规则的鳞片，肛门和臀鳍两侧各有一列发达的大鳞，向前达到腹鳍基部，自腹鳍至胸鳍中线偶具退化鳞的痕迹。侧线平直，侧线鳞前端退化成皮褶状，后段更不明显，背鳍发达而后缘带有锯齿的硬刺。体背部黄褐色或灰褐色，腹部浅黄色或灰白色，体侧有大型不规则的块状暗斑，各鳍均带浅红色。生殖期间雄性个体的吻部和臀鳍、尾鳍以及体后部均有白色颗粒状的珠星。

青海湖裸鲤为冷水性鱼类，喜欢生活在浅水中，也常见于滩边洄水区或大石堆间流水较缓的地方，入冬则潜居于深潭、岩石缝中。适应性强，对生活条件并没有严格的要求，较小的水塘和较浅的湖边都能生活，在咸水里也可生活。幼鱼孵出后，即成群游泳，多集群于河口浅水地区。幼鱼阶段以动物性饵料为主食，成鱼杂食性，青海湖中所有的动植物都是其食料，主要食物对象为硅藻、桡足类、枝角类、轮虫类、端足类、水生昆虫、摇蚊幼虫等，甚至其幼鱼及条鳅也为之吞食。由于青海湖地处海拔三千多米的高原上，水温低，食料生物贫乏和生长期短，故此鱼生长缓慢，除第一年生长达3.5厘米外，一生中的体长生长无明显的阶段，4龄以下体重增长较快。体重250克者平均为8～9龄，500克者约为10龄，25龄的一般能长到50～60厘米，重约5千克，最

青海湖裸鲤

大个体长可达95厘米，重约6.5千克。群体中雄鱼多于雌鱼，繁殖力较低，怀卵量平均为16242粒。有明显的生殖洄游，每年3月下旬至8月由青海湖进入河中繁殖。产卵场所一般在流速缓慢，底质为石砾、卵石或细沙，水深在0.1～1.1米清澈见底的河道中。在繁殖季节内，当水温低于6℃或超过17.5℃时，便无繁殖活动。产卵旺季为5月中至6月中，产卵活动是昼夜进行，以23时至次日3时为最旺盛，卵产于聚卵窝内，卵沉性、微粘。

湟鱼属中型鱼类，每尾约500克左右，较大的2.5～3千克，最大的可达5千克，肉质肥嫩，脂肪和蛋白质的含量都很高，营养丰富，味道鲜美，鱼体含脂肪10.23%，含蛋白质18.58%，属上等鱼类。它同泰山的赤鳞鱼、富春江的鲥鱼、洱海的弓鱼和油鱼，并称我国五大名鱼。

> 列举数字，具体说明。

青海湖为青海湖裸鲤的主要分布区，占青海湖鱼类全部资源量的95%以上。青海湖裸鲤在克鲁克湖和托素湖中也有分布，但在尕海湖中不能生存。

在海心山和鸟岛之间方圆15千米，水深约20米左右的范围内，因食料丰富，湟鱼比较集中。湟鱼的天敌主要是鸬鹚、鱼鸥和棕头鸥，条鳅和端足虾类也经常袭击鱼卵。由于当地群众过去不食鱼，也不捕鱼，所以湟鱼见人不惊，几乎随手可捉。据了解，不吃鱼的原因有二：一是受佛教戒律的限制，只食牛羊等蹄为双趾之兽类，对非蹄或有爪动物均不吃；二是传说中的鱼为龙之同种，如有伤害必起大风雨，殃及帐房人畜，故藏族同胞不但相戒不食，并且还买鱼"放生"（放进湖里）。这些习俗为湟鱼的自由繁殖生长提供了良好的条件。

作为青海湖中唯一具有利用价值的鱼类，青海湖湟鱼正面临产卵河道来水量减少、湖水变咸变碱、人为偷捕三大困扰，生存环境日益恶化。

数十年来，由于过度捕捞、水位下降，青海湖渔业资源急剧下降。经人工投放，目前，青海湖裸鲤数量有明显增长，对维护青海湖流域生态平衡起到了积极作用。

1. 本文写了具体描写了哪种动物？它的生活习性有哪些特点？

_____

_____

2.小朋友，看到湟鱼越来越少的情况，你是怎么想的呢？你会怎么做呢？

_____

_____

小导游多多讲心得

> 　　文章读完了，我们对湟鱼有了一定的了解，但是由于各种原因，它们也曾一度濒临灭绝。让我们携起手来，共同保护我们的动物朋友吧。

小小资料箱

青海湖是怎样变成咸水湖的？

　　青海湖的构造是断陷湖，湖盆边缘多以断裂与周围山相接。距今20～200万年前成湖初期，形成初期原是一个大淡水湖泊，与黄河水系相通，那时气候温和多雨，湖水通过东南部的倒淌河泄入黄河，是一个外流湖。至13万年前，由于新构造运动，周围山地强烈隆起，从上新世末，湖东部的日月山、野牛山迅速上升隆起，使原来注入黄河的倒淌河被堵塞，迫使它由东向西流入青海湖，出现了尕海、耳海，后又分离出海晏湖、沙岛湖等子湖。由于外泄通道堵塞，青海湖递演变成了闭塞湖。加上气候变干，青海湖也由淡水湖逐渐变成咸水湖。

西 湖

小导游多多的资料袋

　　我国各地共有西湖36处，其中最著名的是我国杭州的西湖。杭州西湖位于浙江省杭州市的西方，它以其秀丽的湖光山色和众多的名胜古迹而闻名中外，被誉为"人间天堂"。西湖的水面面积约4.37平方千米，湖岸周长15千米。水的平均

深度在2.27米，最深处在 5米左右，最浅处不到1米。湖南北长3.3千米，东西宽2.8千米。苏堤和白堤将湖面分成里湖、外湖、岳湖、西里湖和小南湖五个部分。1982年西湖被确定为"国家风景名胜区"，1985年被选为"全国十大风景名胜"。

课文再现

　　《西湖》（苏教版三年级上册）本文通过对西湖白天和夜晚景色的描绘，让我们感受到西湖的清奇秀丽，激发了我们热爱祖国山河的思想感情。

小导游多多有话说 <<<<

　　嗨！大家好！我是你们的小导游多多，读了这篇文章，你是不是被西湖的优美景观吸引了呢，是不是很想去人间天堂杭州看一看呢？下面就让我带领你们去看看镶嵌在"天堂"里的那颗明珠——西湖吧！

西湖游记

　　古人云"上有天堂，下有苏杭"。苏州有星罗棋布的园林引以为傲，而自古便有人云"未能抛得杭州去，一半勾留是此湖"。西湖，是一首诗，一幅天然图画，一个美丽动人的故事，是天下文人墨客的宠儿。能与"淡妆浓抹总相宜"倾国女子西施相比的，恐怕天下唯有此湖。

　　游西湖也是有讲究的。有句老话在杭州妇孺皆知：日西湖不如夜西湖，夜西湖不如雨西湖。如此看来，雨西湖在西湖该是最盛。上天眷顾，我在游湖时，便正赶上了一阵蒙蒙细雨。

西湖的荷花

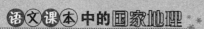

荷花，红了双颊，娇艳中透着轻灵，躲藏在挤挤挨挨的荷叶中间"犹抱琵琶半遮面"，又如同怕见生人的少女般娇羞，却姿态万千。映日荷花固然美，却终究也只是美女西施的侍女，远比不上她们的小姐蕙心兰质。雨后的空气泛着甜润的味道，波色潋滟的湖面笼罩着一层薄薄的水汽，宛若轻柔的面纱般，朦胧了西湖国色天香的美丽容颜。夕阳终于赶在暮色蔓延之前挣出云层，在湖面洒下一片斑驳。湖畔的垂柳掩映着在夕阳下浮光跃金的湖水，如烟般的绿色与夕阳的金色交相辉映，晕得如梦一般。

天色渐渐暗了下来。湖面上飘着淡淡的暮色，夕阳的血红从天边淌下，滴到深黛的湖面上。在轻轻的湖风中，柳条轻轻地摇曳着。"那河畔的金柳，是夕阳中的新娘，波光里的艳影，在我的心头荡漾……"

> 引用诗句使景色更加充满诗情画意。

天黑了，当西湖那沉鱼落雁的容貌就要完全被暮色掩去时，湖对岸的灯光忽然亮了起来。一刹间，一片金碧辉煌令人宛若进入仙境一般。湖水倒映着流光溢彩的夜灯，霎时间如水晶宫般的朦胧而晶莹透亮，不施脂粉的西湖霎时间雍容华贵。

夏夜，月光如流水一般，静静地泻在了湖面上。湖水泛起层层碧波，反射着银色的光辉。柳荫下的青蛙不安分起来，蟋蟀也欢快地弹起琴来。对岸的灯光伴着游船上的灯火轻轻摇曳着，晚风习习，游人在窃窃私语。空气中忽然开始弥漫清幽的香气，静谧之中，恍若听到了荷花绽放的声音……

小导游多多考考你

1. 小朋友，看完这篇文章，你知道作者是按照什么顺序写的吗？请找出相关词语。

_____

_____

2. 作者主要描写了夏夜西湖的什么景物呢？

_____

_____

小导游多多讲心得

西湖的景色很美很美，我们可以按照游览的顺序来写，也可以按照时间顺序来写。本文作者运用生动的语言，恰当引用了很多诗句，使西湖的景色在不同时间呈现出不同的迷人之处，表达了作者对西湖的热爱之情。

城市风光

北 京

小导游多多的资料袋

　　北京市简称"京",是中华人
民共和国的首都,四个中央直辖市之
一,全国第二大城市及政治、交通和
文化中心。北京位于华北平原北端,
东南局部地区与天津相连,其余为河
北省所环绕。北京有着3000余年的建
城史和850余年的建都史,是全球拥

有世界文化遗产最多的城市。其最初见于记载的名字为"蓟"。北京
荟萃了自元明清以来的中华文化,拥有众多名胜古迹和人文景观。北
京正以它古老又时尚的全新面貌,迎接每年超过1亿4700万的游客。

课文再现

　　《北京》(人教版二年级上册)本文从不同角度写出了天安门和天
安门广场的美丽,说明北京既是古都又是现代化的城市,抒发了我们对
北京的热爱之情。

小导游多多有话说 <<<<

　　嗨!大家好!我是你们的小导游多多,读了这篇文章,你是不是
被首都北京的美丽吸引了呢,是不是很想去北京看一看呢?下面就让
我带领你们去这座美丽的城市看看吧!

课外链接

北京——我最向往的地方

自从我知道了北京是我国的首都，那里有"万里长城"，"故宫"等名胜古迹，我便梦想有一天能来到它身边。

我想去爬长城！听说长城东西相距长达万余华里，因此被称为"万里长城"。它跨越了河北、山西等省区。万里长城穿越崇山峻岭，千涧万壑，一道锯齿形的高墙随山势起伏蜿蜒，如一条巨龙盘旋于起伏的群山之巅，气势磅礴。我真想爬一爬长城，爬上好汉坡，当一回"好汉"。

> 运用比喻句描写生动，写出了万里长城的气势

我还想去看一看故宫！听说它原来是历史上最后两个王朝——明代和清代的皇宫。它是聚集了各地的艺术建造的。里面有九千九百九十九间房屋。一部分瓦件塑造出龙凤、狮子、海马等立体动物形象，象征着吉祥和威严，这些构件在建筑物上起了装饰作用。我真想去看一看故宫，感受一下当"皇帝"的滋味！但我最想去的就是天安门！

我想去天安门广场看一看那每天早、晚的升、降国旗仪式！听说那里每天有无数中外游客来这里观光旅游，摄影留念。我想到天安门广场成千上万的人群中，去聆听一下雄伟的《歌唱祖国》的乐曲。我想目睹一下国旗护卫队和军乐队队员组成的升旗队伍走出天安门，跨过金水桥，越过长安街，向天安门广场走来的英姿勃发，铿锵有力的步伐。看着五星红旗伴随着雄壮激昂的《义勇军进行曲》冉冉升起，感受一下中国团结的力量，不过我更想了解北京的民风民俗。

听说北京的风味小吃历史悠久、品种繁多、用料讲究、制作精细，有口皆碑。清代《都门竹枝词》说："三大钱儿卖好花，切糕鬼腿闹喳喳，清晨

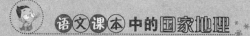

一碗甜浆粥，才吃茶汤又面茶；凉果炸糕甜耳朵，吊炉烧饼艾窝窝，叉子火烧刚卖得，又听硬面叫饽饽；烧麦馄饨列满盘，新添挂粉好汤圆……"这些小吃都在庙会或沿街集市上叫卖，人们无意中就会碰到，老北京形象地称之为"碰头食"。

北京是有着3000年历史的国家历史文化名城。北京在历史上曾为五代都城，在从辽代算起的800多年里，建造了许多宏伟壮丽的宫廷建筑，使北京成为我国拥有帝王宫殿、园林、庙坛和陵墓数量最多，内容最丰富的城市。其中北京故宫又称紫禁城，这里原为明、清两代的皇宫，住过24个皇帝，建筑宏伟壮观，完美地体现了中国传统的古典风格和东方格调，是我国乃至全世界现存最大的宫殿，是中华民族宝贵的文化遗产。天坛以其布局合理、构筑精妙而扬名中外，是明、清两代皇帝"祭天"和"祈谷"的地方，是我国现存最大的古代祭祀性建筑群，也是世界建筑艺术的宝贵遗产。颐和园是北京著名的旅游景点，圆明园是我国最有名的皇家园林，园中山青水绿，在中外园林史上享有盛誉，具有很高的艺术价值，被誉为"万园之园"。明十三陵是北京最大的皇家陵寝墓群，内有明代13个皇帝的陵墓，尤其是现代发掘的明定陵，规模浩大，极为壮观。

北京是我向往的地方，除了有雄伟的长城，美丽的故宫，还有山清水秀的颐和园，人才辈出的北大清华，我一定要好好学习，好让我的爸爸妈妈带我去北京！

1. 小朋友，本文主要描写了北京的哪些地方？表达了作者什么愿望？

_____

_____

2. 作者介绍北京是一座历史文化名城，主要介绍了什么？

_____

_____

北京真是我们朝思暮想的地方啊！因为那里有雄伟的长城，美丽的故宫，还有山清水秀的颐和园，人才辈出的北大清华……那是一座历史名城，是我国的心脏。

刘伯温智修北京城

有人也许会问：作为中国的首都，北京为什么会建在这里呢？说起来，这还是燕王进入北方时的故事。

燕王朱棣在南京城居住时，打算在北方重建一座京城，于是找来大臣刘伯温，请教京城位置。刘伯温说："让大将军徐达办这件事吧。"燕王命人找来徐达。刘伯温对徐达说："凭你的神力往北射上一箭，箭落在哪儿就在那里修建京城。"徐达答应了，来到殿外，张弓搭箭，朝北方射去。刘伯温赶紧带人坐上船，顺着大运河往北追来。

这一箭射得可真不近，一直飞到如今北京城南20多里的南苑。南苑住着八家小财主，看见箭落下来慌了神。他们想：在这儿建城，自己的房产、地亩不就全被占用了吗？思来想去有了主意：咱们把箭再射走不就行了吗！"于是箭又被往北射去，落到如今后门桥这个地方。

这个传说曲折离奇，引人入胜。

据说后门桥下有个石碑，上刻"北京城"三个字，石碑下就是当初落箭的地方。刘伯温追到南苑，掐指一算，知道箭应该落在这儿。他找来八家小财主，逼着要箭。财主们见瞒不住，只好求告说："只要不在这儿建城，

什刹海

你要什么条件都行。"刘伯温想了想："好吧，但修建京城的钱由你们出。"财主们一核计，心想我们有的是钱，建个京城不算什么，就答应了。

最先建的是西直门城楼，可没想到城楼没修完，财主们已是倾家荡产。怎么办呢？刘伯温又掐指一算，命令手下去找一个名叫沈万三的人，几天后还真找到一个沈万三，带到什刹海来见刘伯温。这个沈万三是干什么的呢？原来他是一个要饭的，浑身又脏又破，胳肢窝下夹一个破瓦盆，听刘伯温说找自己是要钱来的，吓坏了，哆嗦着说："我一个穷要饭的，哪儿有钱啊！"刘伯温眼一瞪："没钱不行。来人哪，给我打！"手下人立时操起棍棒朝沈万三狠打起来。开始沈万三还连声哀求，后来打急了，就把脚一跺说："这地底下就有银子，你们挖吧。"刘伯温大喜，派人一挖，地下果然有大缸大缸白花花的银子。修城继续进行。可没过多久，银子又用完，就接茬儿棒打沈万三。沈万三被打急了，又往地下一指："这里有银子。"大伙一挖，果然又有银子。

就这样一而再，再而三，北京城终于建起来了。那些挖银子挖出的大坑，放进水后，就成了今天的什刹海、北海和中南海。

1. 故事讲完了，文中的刘伯温是一个什么样的人呢？

_____

_____

2. 小朋友，你觉得什刹海、北海和中南海的传说是真实的吗？为什么？

_____

_____

故事读完了，听着这离奇的传说，我们不得不佩服刘伯温的谋略和才干，故事虽然只是虚幻的传说，但却表达了人们对忠臣的赞美之情。文中对于沈万三在棍棒下才肯出钱的描述，表现了人们对于抠门富商的愤恨。

小小资料箱

北京的新标志性建筑

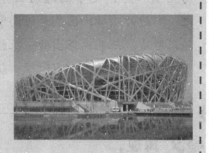

2000年至2008年的8年时间，从俗称"鸟蛋"的国家大剧院开始，北京相继出现了一批在样式上惊世骇俗的建筑。如：国家体育馆"鸟巢"，由2001年普利茨克奖获得者赫尔佐格、德梅隆与中国建筑师李兴刚等合作完成。"鸟巢"外形结构主要由巨大的门式钢架组成，共有24根桁架柱。国家游泳中心又被称为"水立方"，位于北京奥林匹克公园内，是北京为2008年夏季奥运会修建的主游泳馆，也是2008年北京奥运会标志性建筑物之一。国家游泳中心规划建设用地62950平方米，总建筑面积65000~80000平方米，其中地下部分的建筑面积不少于15000平方米，长宽高分别为 177m × 177m × 30m。奥运过后，水立方和鸟巢已成为北京市的新地标。

三亚

小导游多多的资料袋

三亚市是中华人民共和国海南省仅有的三个地级市之一，位于海南岛的最南端。三亚是海南著名的热带海滨旅游城市和海港。我国东南沿海对外开放黄金海岸线上最南端的对外贸易重要口岸，是中国通向世界的门户之一。地处热带地区，是海南最美丽的

旅游胜地。三亚涌现出的一批旅游景点创造和打破了中国世界纪录协会多项世界纪录、中国纪录，获得多项世界之最、中国之最，是旅游的好去处。

课文再现

《三亚落日》（苏教版六年级下册）本文准确生动地描绘了三亚落日美丽的景象，表达了作者对大自然的热爱，对祖国美丽风光的赞美和对三亚落日的陶醉，写出了作者对美好事物的向往。

小导游多多有话说 <<<<

嗨！大家好！我是你们的小导游多多，读了这篇文章，你是不是被三亚的落日吸引了呢，是不是很想去三亚看一看呢？下面就让我带领你们去欣赏三亚落日吧！

课外链接

三亚之旅

今年春节，我们全家来到了美丽的三亚。三亚地处海南省的最南端，是我国唯一的热带滨海旅游城市，境内汇集了阳光、海水、沙滩、气候、森林、动物、温泉、岩洞、田园、风情等十大风景资源。2007年北京奥组委宣布三亚成为2008年北京奥运会中国火炬传递的第一站。

三亚是中国通向世界的门户之一。

啊！美丽三亚，你的美景令我陶醉。三亚看落日真有诗意，夕阳滑落的景象美妙绝伦，一点儿也不比日出逊色。

三亚被称为"东方夏威夷"，它拥有全海南岛最美丽的海滨风光。这里有闻名中外的"天下第一湾"亚龙湾和大东海、三亚湾等优质海滨，它们的共同特点就是海蓝沙白、浪平风轻。三亚市旅游资源得天独厚，是海南省风景名胜最多而又最密集的地方，在约两百千米的海岸线上，密布亚龙湾、大东海、鹿回头公园、天涯海角、海山奇观、南山文化旅游区等闻名中外的旅游景点。它不仅具备现代国际旅游五大要素——阳光、海水、沙滩、绿色植被、洁净空气，而且还拥有河流、港口、温泉、岩洞、田园、热带动植物、民族风情等各具特色的旅游资源，在国内外堪称一绝。

三亚的亚龙湾是三亚最美的地方，也是最奇特的地方。那

亚龙湾

里的海水是绿色的，沙子有黄色、白色、红色、蓝色等等。**亚龙湾不愧为中国最好的沙滩，如此白而细腻的沙子在别处是看不到的，海水永远是清澈的，仿佛可以用手掬起喝上一口，蔚蓝的天空白云朵朵，海风清新而略带潮湿，但没有一点点的海腥味，没污染、没噪音，难怪有人一年要来上几次。**

用优美的语言细腻地刻画出亚龙湾独特的美景。

三亚，这个动听的名字；三亚，这个可爱的城市；三亚，这个迷人的地方。2003年的世界小姐总决赛，让世界了解了三亚的风采，把三亚推向了全世界。

托"世界小姐"的福，三亚在变化，在变美。变化后的临春河和三亚河宛如两条蓝色的锻带，伸向大海。河水十分清澈，清得可以看见河底的沙石。早晨，太阳的光辉洒在河面上，那金灿灿的光辉在河面上跳跃着。晚上，岸边的彩灯照在河面上，河面上倒映着五彩的灯光，就像人间天堂一样美丽动人。

美丽的三亚，美丽的眼睛看三亚，三亚迎来了美丽，我爱美丽的三亚。

小导游多多考考你

1.小朋友，看完这篇文章，你觉得三亚美吗？请你找出有关句子细细品味。

_____

_____

2.为什么三亚被称为"东方夏威夷"？

_____

_____

小导游多多讲心得

在作者优美语言的导引下，我们游览了美丽的三亚，欣赏了亚龙湾别具特色的美，那幸福快乐的心情是无法表达的。美丽的城市更需要美丽的眼睛来欣赏，更需要美丽的人们来建设和保护。让我们一起加油吧！

阿诗玛的传说

在小石林内，有一泓湖水碧波粼粼，湖畔屹立着一座独立的石峰，每天都吸引了无数的游客前来观赏、留影。瞧，那颀长高挑的身段，风姿绰约的动人体态，还有那包头衫，身后的背篓，多么像一位彝族撒尼少女啊！这就是著名的阿诗玛石峰。

> 描写细致生动，引起读者的好奇心。

关于这座山峰还有一个动人的传说故事呢。从前在阿着底，贫苦的格路日明家生了个美丽的姑娘，爹妈希望女儿像金子一样珍贵闪光，给她取名叫"阿诗玛"，也就是金子的意思。阿诗玛渐渐长大了，漂亮得像一朵艳丽的美伊花。她能歌善舞，许多小伙子都喜欢她。她爱上了和她青梅竹马，两小无猜，相亲相爱的孤儿阿黑，立誓非他不嫁。一年的火把节，她和聪明勇敢的阿黑订了亲。财主热布巴拉的儿子阿支也看上了美丽的阿诗玛，便请媒人去说亲，但不管怎样威胁利诱，都无济于事。热布巴拉家乘阿黑到远方放羊之机，派人抢走了阿诗玛并强迫她与阿支成亲，阿诗玛誓死不从，被鞭打后关进了黑牢。

阿诗玛石峰

阿黑闻讯，日夜兼程赶来救阿诗玛，他和阿支比赛对歌、砍树、接树、撒种，全都赢了阿支。热布巴拉恼羞成怒，指使家丁放出三只猛虎扑向阿黑，阿黑三箭射死了虎，并救出了阿诗玛。狠毒的热布巴拉父子不肯罢休，勾结崖神，乘阿诗玛和阿黑过河时，放洪水卷走了阿诗玛。十二崖子的应山歌姑娘，救出并使阿诗玛变成了石峰，变成了回声神。从此，你怎样喊她，她就怎样回答你。她的声音，她的影子永远留在了人间。

阿诗玛的传说故事还被改编成了电影、大型歌舞剧，电影等在国内外放映和演出后，引起了强烈的反响，阿诗玛的故事也随之广为流传。

1. 故事讲完了，文中的阿诗玛和阿黑是什么样的人呢？

_____

_____

2. 小朋友，如果有一天你看到了那座美丽的石峰，你会对她说些什么？

_____

_____

小导游多多讲心得

　　故事读完了，原来那座美丽的山峰是善良美丽的阿诗玛化成的。尽管阿诗玛变成了石峰，但她的声音和影子永远留在了人间。这篇优美的神话传说表达了人们对她和阿黑忠于爱情的赞美之情。

烟 台

小导游多多的资料袋

　　烟台是山东省的一个下辖市，地处山东半岛中部。烟台依山傍海，气候宜人，东连威海，西接潍坊，西南与青岛毗邻，北濒渤海、黄海，与辽东半岛对峙，并与大连隔海相望，共同形成捍卫首都北京的海上门户。最大横距214千米，最大纵距
130千米，土地面积13745.95平方千米。烟台市是我国首批沿海开放城市之一，是环渤海经济圈内以及东亚地区国际性港城、商城、旅游城。

课文再现

　　《烟台的海》（苏教版六年级下册）本文是一篇优美的写景散文。课文以"总—分—总"的结构形式描写了中国沿海城市烟台"独特"的海上景观。其"独特"之处是按照一年四季的不同，具体描绘了冬日的凝重，春日的轻盈，夏日的浪漫和秋日的充实与忙碌，使我们体会到是烟台的海养育了勤劳勇敢的烟台人。

小导游多多有话说 <<<<

　　嗨！大家好！我是你们的小导游多多，读了这篇文章，你是不是被烟台海四季的优美景色吸引了呢，是不是很想去烟台看一看呢？下面就让我带领你们去感受一下烟台海的美丽景色吧！

烟台看海

　　山东有不少沿海城市，像青岛、威海、日照等，都是依海而筑，十分美丽，但是在我的印象中，烟台的海景却是最美丽的，这或许与我们的住地就在海边有关。

　　我们在烟台只住了两天，但是这短短的两天已足够让我们充分领略到这座城市的魅力。可以说这是一座十分精致的小城，坐出租车只需花五元钱的起步价就能从城市的这头逛到城市的那头。繁华和整洁的街景在这座城市中随处可见，让人时时感受到一种文明向上的气息。但是给我印象最深的，还是烟台的海滨路。

烟台

　　海滨路是一条沿海而建的蜿蜒大道，漫步海滨路，一面是金黄的沙滩和茫茫的大海，一面是精致的建筑和繁茂的花木，自然与人工的美景在这里得到了最完美的交融。沿岸修筑的垂栏和石凳，风格各异、错落有致的海边别墅，沿坡起伏、繁花似锦的疏林绿地，造型新颖、寓意丰富的现代雕塑，以及点缀其间的护坡卵石壁画、大型旱池喷泉，都恰到好处地给人以步移景换的感觉，足见烟台人为了建设这条道路花了不少心血。

　　我们住宿的虹口宾馆就在海滨路旁，拉开窗户，就可以看到大海。在这里看海是一种莫大的享受，这里的海面如我想象中那般辽阔，却没有我想象中的那般蔚蓝，在这里看到的海水竟是碧绿的，想必是被烟台这座绿色的城市映绿的吧。海面上，有海鸥在翩跹飞舞，也有快艇在急速穿梭，仿佛为宁静的大海增添了生动的一笔。远处，海天相接，一片苍茫，好像看到了天的尽头，令人心胸开阔。

忍不住下楼来到海滩上，从海面上吹来的海风凉凉的，还带着一丝咸咸的海腥味，沙滩是松松软软的，走在上面有一步一陷的感觉。阳光照在沙滩上，四周泛着迷人的金色，蹲下来细看，才惊喜地发现，沙滩上竟还留着

这么美丽的小精灵、小宝贝们，让我产生了马上去烟台看海的强烈欲望。

那么多的宝贝：那些被潮水磨得溜光的石子儿一粒粒都那么的晶莹剔透，尤其是一种洁白得不带一丝杂质的石头，简直让人爱不释手；一只只细小得犹如蜘蛛般的小海蟹，浑身透明如玛瑙一般，泛着阳光的颜色，在沙滩上迅捷地奔跑着；在石子堆中，还有一些被海水冲上来的活海星留在那里，浑身蠕动的小吸盘和斑斓异常的色彩令我们大开眼界……除了这些自然的宝贝外，海滩上几乎见不到人们遗弃的垃圾，烟台人的文明程度不由得让我们赞叹。

烟台苹果的香甜给我留下了深刻的印象，但是，更令我难忘的却是这座城市的海景之美。

小导游多多考考你

1.小朋友，作者主要描写了海滩上什么景物？

_____

_____

2. 读了本文，你觉得烟台的海景这么美除了天然之外，还与什么有关？为什么？

_____

_____

小导游多多讲心得

烟台的海景太美了，我们可以按照游览的顺序来写。描写具体景物时，我们还可以按照由远到近的顺序抓住重点来写。在写景的过程中我们要写出自己的真实感受，是喜欢还是厌恶要表达清楚，让人明白你对景物的看法。

八仙过海的传说

　　传说，有一天八仙要到东海去游蓬莱岛。本来，腾云驾雾，一眨眼就可到，可是吕洞宾偏偏别出心裁，提出要乘船过海，观赏海景。他拿来铁拐李的拐杖，往海里一抛，喝声"变"，顿时变成一艘宽敞、漂亮的大龙船，八位大仙坐船观景，喝酒斗歌，好不热闹。不料，因此惹出一场麻烦来。

　　原来，龙宫里有条花鳞恶龙，是龙王的第七个儿子，称为"花龙太子"。这天，他闲得没事，在水晶宫外游荡，忽闻海面上有仙乐之声，便循声寻去，猛见一条雕花龙船，内坐八位奇形怪状的大仙，其中有个妙龄女郎，桃脸杏腮，楚楚动人。花龙太子见此仙姿，魂魄俱消，早忘了师傅南极

蓬莱岛

仙翁的忠告，忘了龙王母的训导，想入非非，似魔似痴的迷上何仙姑了。平静的海面突然掀起一个浪头，将雕花龙船打翻了。

铁拐李失了拐杖，幸亏抱着个葫芦；汉钟离打开蒲扇垫脚底；张果老眼尖，翻身爬上毛驴背；蓝采和攀住了花篮边；韩湘子放下仙笛当坐骑；曹国舅心细，脚踏巧板浪里漂；只有吕洞滨，毫无戒备，弄了个浑身湿透。

> 描写细致，形态各异的形象跃然纸上。

原来是花龙太子拦路抢亲，把何仙姑抢到龙宫里去了。花龙太子催动虾兵蟹将，掀起漫海大潮，向七仙淹来。汉钟离挺着大肚子，飘飘然降落潮头，轻轻煽动蒲扇。只听"呜……忽……"一声，一阵狂风把万丈高的大潮和虾兵蟹将都煽到九霄云外去了，吓得四大天王连忙关了南天门。花龙太子见汉钟离破了他的阵势，忙把脸一抹，喝声"变"。海里突然窜出一条巨鲸，张开闸门似的大口来吞汉钟离。只见铁拐李向海中一招手，他的那根拐杖"唰"地窜出海面。铁拐李拿在手中，一杖打下去，不料打在一堆软肉里。原来，海礁已变成一只大章鱼，拐杖被章鱼的手脚缠住了。要不是蓝采和的花篮罩下来，铁拐李早被章鱼吸到肚皮里去了。原来这巨鲸和章鱼都是花龙太子变的。这时，花龙见花篮当头罩来，慌忙化作一条海蛇，向东逃窜。张果老拍手叫驴，撒蹄追赶。眼看就要追上，不料毛驴被蟹精咬住脚蹄，一声狂叫把张果老抛下驴背。幸亏曹国舅眼明手快，救起张果老，打死了蟹精。

1. 故事讲完了，你最佩服八仙中的哪一位呢？为什么？

_____

_____

2. 八仙在过海时遇到了什么事情？

_____

_____

小导游多多讲心得

　　故事读完了，原来八仙过海的时候还遇到这么个糟糕的事情，幸亏八仙充分发挥自己的优势，各显其能，不然结局就惨了。这篇文章虽然叙述的是一个神话传说，但作者描写的句子很生动形象，值得我们学习。

上 海

小导游多多的资料袋

  上海，中国第一大城市，四个中央直辖市之一。是中国的经济、金融、贸易和航运中心。上海创造和打破了中国世界纪录协会多项世界之最、中国之最。上海位于我国大陆海岸线中部的长江口，拥有中国最大的工业基地、最大的外贸港口。有超过

2000万人居住和生活在上海地区，其中大部分属汉族江浙民系，通行吴语上海话。上海也是一座新兴的旅游目的地，具有深厚的近代城市文化底蕴和众多的历史古迹，今日的上海已经发展成为一个国际化大都市，并致力于建设成为国际金融中心和航运中心。上海是2010年世界博览会举办城市。

课文再现

  《东方明珠》（苏教版第一册）这篇文章主要从白天和夜晚两方面写出了东方明珠的特点，使我们感受到它的美丽，体会到我们祖国社会主义建设的巨大成就。

小导游多多有话说 <<<<

  嗨！大家好！我是你们的小导游多多，读了这篇文章，你是不是被这座美丽的电视塔吸引了呢，是不是很想去看一看呢？下面就让我带领你们去欣赏一下那颗东方明珠吧！

课外链接

上海东方明珠游记

　　东方明珠在我眼中是个很现代甚至是时尚的建筑，或许因为上海给我这样的感觉，而它又是上海最著名的建筑的原因吧。

　　在上海的这些天，每天都是晴空万里，白云、蓝天。通过江底隧道，乘车到了浦东新区。屹立在黄浦江边的东方明珠，白天跟晚上有着不同的美丽。那些绯红色的钢化玻璃在阳光的照射下，就像一颗美丽的钻石闪闪发光，而且是那样的高雅。远处看上去，她就像一个窈窕淑女一样的纤细，虽然高挑但不觉得威武。近处看上去，再也没有那种感觉，只觉得是一个庞然大物。

　　东方明珠是上海的地标之一。底层，是世界名胜的大型图片展览。我忘记了当时坐的电梯是以每秒多少的速度上升，只记得，晕眩中到达顶层。在顶层的太空舱，鸟瞰一下上海，到处都是楼宇，弯曲的黄浦江上往来着游船，还有一些拉沙的小篷船。有一种特别的感觉。

　　在太空舱里下来，下降电梯的开始一段外面是钢化玻璃的，电梯急剧下降感觉有些刺激，之后再也没有其他什么感受。

　　在浦东那边逛了逛，江边的由两个半球组成的上海国际会议中心格外醒目。它与东方明珠一高一矮错落有致。

　　浦东新区的金茂大厦总高度为420.5米，是目前世界第三、中国第一高楼。旋转楼梯，金黄色的包边，显得十分高雅，给我印象比较深刻。

　　浦东世纪大道上，两边都是高大的建筑，正是我所喜欢的，虽然走在其中觉得自己那样的渺小，但也惊叹世人的伟大。

　　无论我在上海走多远，看多久，我都感觉东方明珠是最美的地方。东方明珠，你是我们的骄傲。

小导游多多考考你

1.小朋友，看完这篇文章，你知道作者是按照什么顺序写的吗？

_____

_____

2.作者主要描写了哪些地方？哪里详写哪里略写呢？

_____

_____

小导游多多讲心得

　　游览这个上海著名的建筑，我真是心潮澎湃啊。作者按照由远到近的顺序详细描写了电视塔白天的特色，又在高空观看了上海的景色。后来又简单写了浦东新区、浦东世纪大道，最后点明东方电视塔是最美的地方，照应开头。

东方明珠塔

　　在上海浦东新区外滩对面的黄浦江边，矗立着一座高达468米的广播电视塔。在阳光的照射下，她闪烁着耀眼的光芒，成为上海21世纪的标志性建筑。

　　这座广播电视塔是上海的地标之一。眺望塔身上两个巨大的球体，如红宝石闪亮耀眼。全塔15个大小不等的球体，如明珠般从白云蓝天中串联而下，直达绿地，构成了充满"大珠小珠落玉盘"诗情画意的壮美景观。仰望塔尖，直插云端，象征上海欣欣向荣，蒸蒸日上。

看塔的正面，"东方明珠"四个金色大字，熠熠生辉。乘上电梯，只需40秒，便可到达263米高的球上。在这里，极目远眺，上海景色尽收眼底，原来的高楼大厦，现在都显得矮小了许多。蜿蜒的黄浦江上，巨轮如梭，连绵入海。分列两边的两座大桥，如两条巨龙，腾飞于黄浦江上，与中间的东方明珠一起，巧妙地组合成一幅二龙戏珠的巨幅画面。如在清朗的晴日，不但可观市区全景，连佘山、崇明岛、长江等更远的景物，也依稀可见。入夜，巨大的球体在五彩灯光的装饰下，光彩夺目，群星争辉，更显得晶莹剔透。与浦西外滩的灯光建筑群交相辉映，展现出现代化大都市的迷人之夜。

东方明珠塔内的上海历史博物馆，是专门介绍上海近百年发展史的史志性博物馆。通过珍贵的文物、文献、档案、图片，以及先进的影视和音响设备，形象生动地反映近代上海城市发展的历史。馆内陈列分国中之国的租界、旧上海市政建设和街景、近代城市经济、近代文化、都市生活、政治风云等六大部分，全面地展示了上海在政治、经济、文化、社会、生活等各方面的深刻变化，是一个形象生动的人文景点。

东方明珠科幻城位于塔底，有森林之旅、南极之旅、魔幻之旅、藏宝洞、迪尼剧场、欢乐广场、激光影院、动感影院、探险列车等项目，精彩刺激、老少皆宜。还有独一无二的"太空热气球"将您送上天空，尽览上海大都市美景，使您永生难忘。

东方明珠塔下的国际游船码头，有"浦江游览"旅游项目。登上邓小平同志当年考察上海时乘坐的游船，饱览浦江两岸美景，您将领略到"火树银花不夜城"的意境。国际游船码头里的"海鸥坊"，供应自助餐，您只需花费48元，就能无限畅饮美味和欣赏美景。

高耸入云的太空舱建在350米处，内有观光层、会议厅和咖啡座，典雅豪华、得天独厚。空中旅馆设在五个小球中，有20套客房，环境舒适、别有情趣。东方明珠万邦百货有限公司商场面积18000平方米，经营服装、工艺美术品、金银饰品、皮具、食品等，使游客在观光之余可享受到购物与美食的乐趣。目前，"东方明珠"年观光人数和旅游收入在世界各高塔中仅次于法国的埃菲尔铁塔而位居第二，从而跻身世界著名旅游景点行列。

1. "全塔15个大小不等的球体，如明珠般从白云蓝天中串联而下"一句运用了比喻的修辞手法，表达了作者什么样的思想感情？

_____

_____

2. 这篇文章是按照什么顺序来说明"东方明珠塔"的？

_____

_____

 小导游多多讲心得

同样是写东方明珠塔，本文详细叙述了东方明珠塔各部分的特点。作者采用空间顺序来具体说明东方明珠塔，让我们一目了然。

小小资料箱

上海世博会的主题是什么？

中国2010年上海世界博览会（Expo 2010），是第41届世界博览会。于2010年5月1日至10月31日期间，在中国上海市举行。此次世博会也是由中国举办的首届世界博览会。上海世博会以"城市，让生活更美好"（Better City，Better Life）为主题，总投资达450亿人民币，创造了世界博览会史上最大规模纪录。

2010年上海世博会

香 港

 小导游多多的资料袋

亚洲繁华的大都市、地区及国际金融中心之一，香港的历史可远溯至六千多年前。近年的考古发掘证明，史前最初阶段始于公元前四千年，青铜器出现在公元前一千五百年。香港在古时是一个渔港，但由于其地理位置优越，并且拥有优良的港

口，因此成为了列强割据的目标。1842年，中英签订条约，割香港岛给英国。1860年，九龙半岛正式割让予英国。1899年，清政府又将九龙、新界以及235个岛屿租借予英国，为期99年。1997年7月1日，中国对香港恢复行使主权，中华人民共和国香港特别行政区正式成立。

课文再现

《香港，璀璨的明珠》（人教版三年级上册）本文从多方面介绍了香港的美丽和繁华，表达我们热爱香港、热爱祖国的思想感情。

 小导游多多有话说 <<<<

嗨！大家好！我是你们的小导游多多，读了这篇文章，你是不是被香港的优美景观吸引了呢，是不是很想去香港看一看呢？下面就让我带领你们去看看这颗璀璨的明珠吧！

难忘的香港之旅

乘坐最早的航班，我终于来到了倾慕已久的香港，炎热潮湿的气候丝毫没有削减我对香港的向往之情。早餐过后，我们正式开始了香港之旅。

香港共分为三大区：新界、九龙和香港岛。我们首先去的维多利亚港便是一条横贯九龙的美丽海港，港的两岸都是造型各异的摩天大楼，港内碧波荡漾，海水清澈见底，就连漂浮在水面的游轮也是鳞次栉比，极尽豪华。乘船横渡"维港"后，我们便参观了充满教育意义的"永远盛开的紫荆花"雕塑和香港回归祖国纪念碑。

我们乘坐了有百年历史的有轨电车，参观了公共图书馆，又乘坐了登山缆车到太平山凌霄阁，参观了杜沙夫人蜡像馆。从蜡像馆出来的时候，夜已深，我们便登上了太平山顶观赏了璀璨夺目的香港夜景。

第二天下午，我们终于来到了期望已久的天堂——迪士尼乐园。据了解，现如今全球一共有五所迪士尼乐园，分别分布在美国纽约、英国伦敦、法国巴黎、日本东京和中国香港。迈进迪士尼乐园的大门，我仿佛置身于童话世界：精致的城堡，绚烂的壁画，优美和谐的音乐，又让我回到了童年的欢乐时光。看着一个个从书籍里跳出来向你热情招手的卡通人物，观赏着一辆辆经过你身边耀眼夺目的花车，我好像是牵上了"安

迪士尼乐园

徒生"和"格林"的手，在这充满奇妙与幻想的世界里遨游。香港的迪士尼共有四个部分，分别是：洋溢着激情与科幻的"明日世界"，满载着冒险与刺激的"海盗王国"，充满了童趣与天真的"幻想世界"和可以品尝各种特色美食的"美国小镇"。虽然香港的迪士尼乐园并不大，但这缤纷复杂的四部分还是让我们玩到了深夜，当如彩虹般绚丽的烟花划过夜空时，我们也度过了这完美的一天。

> 想象丰富合理有趣。

　　这次的香港之旅让我记忆中朦胧的香港逐渐清晰，也让我圆了一个走进繁荣都市——香港的梦，这次旅行将是我一生最难忘的回忆！

1.小朋友，看完这篇文章，你知道作者是按照什么顺序写的吗？

_____

_____

2.作者重点描写了哪个景点呢？

_____

_____

小导游多多讲心得

　　香港真是太豪华美丽了，作者按照游览的顺序详略得当地描写了维多利亚港、公共图书馆、杜沙夫人蜡像馆、迪士尼乐园等。在重点描写参观迪士尼乐园时，作者想象合理丰富，充分表达了自己对繁荣大都市的热爱赞美之情。

香港地名的由来

关于"香港"一名的由来，有四种传说。一说来自"香江"。据说早年岛上有一条溪水自山间流出入海，水质甘香清甜，为附近居民与过往船只供应淡水，称为"香江"。由香江出海的港口也就称为"香港"。香江故址在今薄扶林附近，早已不存，但"香江"却成了香港的别名。

香港

另一说香港名称来自"香姑"。香姑是传说中的女海盗，盘踞香港岛，于是该岛被称为香姑岛，简称香岛，再演变成香港。

还有一说香港之名源于"红香炉"。传说很久以前从海上飘来一个红香炉，泊于天后庙前，居民以为天后显圣，便把红香炉供奉在庙中。岛上有个山也称为红香炉山。后来把这地方叫做"红香炉港"，简称"香港"。

> 这种说法充满神话传奇色彩

较有根据的一种说法，是说香港得名与香树、香市有关。香树生长于广东沿海及越南北部，以东莞、新安等地为多，香港沙田及大屿山亦有种植。香树长高至二十尺时，割出树液，就可制成"香"，是多种香制品的原料，可作供神和上贡的佳品，"莞香"闻名全国。明神宗万历元年以前，香港一带均属东莞县。沙田、大埔一带是"莞香"的著名产地。因香产丰盛，这里的香市贸易也十分发达。香产品多数先运送到九龙的尖沙咀，再用"大眼鸡"船运至石排湾（即今日的香港仔）集中，然后转运往中国内地、南洋以至阿拉伯国家。故尖沙咀古称"香埗头"，石排湾这个转运香料的港口，也就被称为"香港"，附近的村庄也被称为"香港村"。后来，"香港"一名被扩大应用于全岛。

1. 故事讲完了，文中写了关于香港的几种传说呢？

_____

_____

2. 小朋友，你认为哪种传说更合理？为什么？

_____

_____

 小导游多多讲心得

　　故事读完了，原来美丽繁华的香港名称有这么多传说。我觉得第一种和第四种说法更合理，因为都与香港的地名和特产有关。第二、三种说法充满了传奇色彩，也为香港蒙上了一层神秘的面纱。

📖 小小资料箱

香港的新八景是什么？

　　新八景：①"旗山星火"，乃八景之首，它指从太平山顶观看夜色中的港岛的瑰丽景色。②"赤柱晨曦"，指每当晨曦初上，旭日东升之时，沐浴在万道霞光中的赤柱半岛，殷红如赤。③"浅水丹花"，指碧水盈盈的浅水湾与万紫千红的杜鹃花交相辉映所构成的美丽春景。④"虎塔朗晖"，指虎豹别墅院内六角形的白塔在日出之时，披满彩霞的壮丽景观。⑤"快活蹄声"，指快活谷的赛马盛况。⑥"鲤门月夜"，指夜晚在鲤鱼门观赏月光照耀下维多利亚港的美景。⑦"残堞斜阳"，指九龙城寨的残垣断堞在余晖中的景色，由于近年已彻底清拆，取而代之的是九龙寨城公园。⑧"宋台怀古"，指香港启德国际机场旧址附近的宋王台公园，它记载了宋朝历史的最后一幕。

拉 萨

小导游多多的资料袋

拉萨作为西藏自治区首府，是一座具有1300年历史的古城。位于雅鲁藏布江支流拉萨河北岸，海拔3650多米。"拉萨"在藏语中为"圣地"或"佛地"之意，长期以来就是西藏政治、经济、文化、宗教的中心。1982年又将其定为首批公布的24座国家历史文化名城之一。

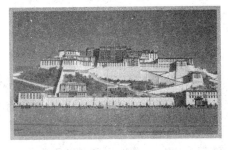

课文再现

《拉萨古城》（人教版五年级下册）这篇课文介绍了拉萨古城的建筑风貌和风土人情，表现了作者对家乡的热爱之情。课文着重写了拉萨古城的民居、大昭寺和八廓街。写民居，着重描述了"白色楼房"以及楼顶上飘飞的五彩经幡。写大昭寺，着重描述了这座典型的寺庙建筑的宏伟和壮观。写八廓街，着重写这里商店、摊点之多和气氛之热烈。

小导游多多有话说 <<<<<

嗨！大家好！我是你们的小导游多多，读了这篇文章，你是不是被西藏拉萨古城的建筑风貌吸引了呢，是不是很想去拉萨看一看呢？下面就让我带领你们走进西藏，亲自感受一下那里的风土人情吧！

课外链接

拉萨之旅

　　当我在汽车上目睹了青藏高原的雄浑和苍茫，饱览了皑皑雪峰下冷艳和辽阔的牧场风光，站到拉萨平坦宁静的大街上，内心涌动着一股莫名的潮水。我告诉自己：这就是西藏，这就是拉萨，梦牵的那一片土地就在怀抱里。

大昭寺

　　我们首先拜谒了雪域圣地——大昭寺。大昭寺是公元七世纪中期藏王松赞干布为纪念文成公主入藏而修建的。站在远处，远望大昭寺，只见殿宇参错，气势恢宏。大昭寺建地约2万5千平方米，殿高4层，上覆金顶，在阳光普照下，金光四射。我来到寺前广场，只见香烟缭绕，一队队的善男信女，正在寺前的广场上跪地磕头。我从转经廊跃过排长队的信徒进入寺内，只见里面人头攒动，彩幡飘舞。寺内共有大大小小的佛堂20多个，每个佛堂都摆满了各种材料制做的佛像。佛像大小不一，最大的佛像有2层楼高。在大昭寺除了见到大大小小的佛像之外，主殿三层的回廊上到处绘满了壁画，这些壁画与寺内其它各处的壁画连成一体，构成了一个壁画艺术世界。

　　到了西藏拉萨，如不去布达拉宫，那等于白跑了一趟西藏。翌日，我从八廓街乘1路车，前往布达拉宫游览。布达拉宫位于西藏的西北角，是在海拔3770米的红山上。它是一座融宫殿、寺宇和灵塔于一体，规模浩大的宫殿式建筑。整个建筑东西绵延

过渡句中又设下悬念，吊足读者的胃口。

420米，南北宽300米，房屋近万间。主体建筑分红、白两宫，红宫居中，白宫横贯两翼。站在它的脚下，个人竟是显得如此的渺小，自然袭来的窒息让你不得不屈服于它圣严的沧桑下。这座历经千年的建筑，依然端庄而雄伟地屹立在这雪域高原上，拉萨用它世间最美的阳光打造这座神圣之宫，万里晴空，白云朵朵，布达拉更像镶嵌在其中的图画。

随后，我又游览了西藏大学、逛了八廓街夜市。

拉萨，我魂牵梦绕的地方，你是我永远的向往。

1.小朋友，看完这篇文章，你知道作者是按照什么顺序写的吗？

_____

_____

2. 为什么作者说到了西藏拉萨，如不去布达拉宫，那等于白跑了一趟西藏？

_____

_____

小导游多多讲心得

西藏真是太美了，作者按照游览的顺序写了拉萨的几个主要景点，使我们感受到了拉萨的神秘与艺术魅力。在描写具体建筑景物时，我们可以运用空间、时间的顺序来写。在写景的过程中我们要写出自己的真实感受，是喜欢还是厌恶要表达清楚，让人明白你对景物的看法。

民俗民风

春节

小导游多多的资料袋

春节，传统名称为新年、大年、新岁，但口头上又称度岁、庆新岁、过年。古时春节曾专指节气中的立春，也被视为一年的开始，后来改为农历正月初一开始为新年。春节的历史很悠久，它起源于殷商时期年头岁尾的祭神祭祖活动。现在，在春节这一传统节日期间，人们举行各种庆祝活动，这些活动大多以祭祀神佛、祭奠祖先、除旧布新、迎喜接福、祈求丰年为主要内容。

课文再现

《北京的春节》（人教版六年级下册）通过描写北京春节的特点，写出了北京地区过春节时的欢乐祥和的喜庆气氛，使我们又一次得到了传统民俗文化的体验。

小导游多多有话说 <<<<

嗨！大家好！我是你们的小导游多多，读了这篇文章，你是不是被北京春节欢乐祥和的气氛吸引了呢，是不是很想亲身体验一下呢？下面就让我带领你们去感受一下北京春节的民俗文化吧！

课外链接

春节为什么吃饺子

吃饺子

民间春节吃饺子的习俗在明清时已相当盛行。饺子一般要在年三十晚上12点以前包好，待到半夜子时吃，这时正是新春伊始，吃饺子取"更岁交子"之意，"子"为"子时"，交与"饺"谐音，有"喜庆团圆"和"吉祥如意"的意思。饺子成为春节不可缺少的节日食品，究其原因：一是饺子形如元宝，人们在春节吃饺子取"招财进宝"之意。二是饺子有馅，便于人们把各种吉祥的东西包到馅里，以寄托人们对新的一年的希望。

吃饺子有四大好处：第一有声音，过去三十晚上家家都要剁馅儿，剁得越响生活越红火，是三十晚上一道特殊的交响乐；第二是吃饺子时，全家人要同桌，还可以在饺子里放一点儿吉祥物，谁吃到了谁会有福气，很有趣味；第三是饺子形似元宝，吃饺子有祈求"招财进宝"之意；第四是饺子好吃，因为饺子既有面又有菜，而且吃起来很随意。

> 分类清楚，条理清晰。

另外，吃饺子还有点儿特色：第一特别热闹，又挺卫生；第二是外形统一，馅儿可以变化；第三既是节日盛宴，又是家常便饭；第四是吃饺子时只能用筷子吃，用刀叉不方便，这是具有民族特色的饭。

因为吃饺子很吉祥，如：剁馅儿时说岁岁平安啦；包饺子时说杂事都包上啦；开锅时说喜事都开花啦；饺子破了说粮仓都撑开啦；盛饺子时说元宝入库啦；吃饺子时说福气分享了。所以说吃饺子有"六六大顺"，能达到沸腾、热闹、乐和、喜庆、吉利、顺遂，所以受到人民的喜欢。

1.读完这篇文章，你知道饺子有什么寓意吗？

_____

_____

2.对于春节的这个习俗，你持什么态度？

_____

_____

小导游多多讲心得

　　读完这篇文章，我终于明白为什么春节要吃饺子了。吃饺子不但方便卫生，更重要的是它包含了人们对来年的期盼，以及对他人的祝福，饱含了人们的愿望。

春节的传说

　　守岁，就是在旧年的最后一天夜里不睡觉，熬夜迎接新一年的到来的习俗，也叫除夕守岁，俗名"熬年"。探究这个习俗的来历，在民间流传着一个有趣的故事：

　　太古时期，有一种凶猛的怪兽，散居在深山密林中，人们管它叫

"年"。它的面貌狰狞，生性凶残，专食飞禽走兽、鳞介虫豸，一天换一种口味，从磕头虫一直吃到大活人，让人谈"年"色变。后来，人们慢慢掌握了"年"的活动规律，它是每隔三百六十五天窜到人群聚居的地方尝一次口鲜，而且出没的时间都是在天黑以后，等到鸡鸣破晓，它们便返回山林中去了。

年是这样令人恐惧的怪兽哇！

算准了"年"肆虐的日期，百姓们便把这可怕的一夜视为关口来煞，称作"年关"，并且想出了一整套过年关的办法：每到这一天晚上，每家每户都提前做好晚饭，熄火净灶，再把鸡圈牛栏全部拴牢，把宅院的前后门都封住，躲在屋里吃"年夜饭"，由于这顿晚餐具有凶吉未卜的意味，所以置办得很丰盛，除了要全家老小围在一起用餐表示和睦团圆外，还须在吃饭前先供祭祖先，祈求祖先的神灵保佑，平安地度过这一夜，吃过晚饭后，谁都不敢睡觉，挤坐在一起闲聊壮胆。后来就逐渐形成了除夕熬夜守岁的习惯。

守岁习俗兴起于南北朝，梁朝的不少文人都有守岁的诗文。"一夜连双岁，五更分二年。"人们点起蜡烛或油灯，通宵守夜，象征着把一切病瘟邪疫照跑驱走，期待着新的一年吉祥如意。这种风俗被人们流传至今。

春节

1.人们是怎样对付"年"那个怪兽的呢？

_____

_____

2.同学们，你们当地过年有什么习俗？

_____

_____

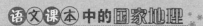

小导游多多讲心得

读了本文，我知道了关于"年"的传说。现如今，我们依旧在除夕之夜守岁，全家人坐在一起吃饺子、看春晚，那种感觉真幸福。

资料箱

饺子的形状有什么讲究？

　　年三十包饺子的形状也有讲究，大多数地区习惯保持传统的弯月形。这种形状包制时，要把面皮对折后，用右手的拇指和食指沿半圆形边缘捏制而成，要捏细捏匀，谓之"捏福"。有的农家，把捏成弯月形的饺子两角对拉捏在一起，呈"元宝"形，摆在盖帘上，象征着财富遍地，金银满屋。也有的农家，将饺子捏上麦穗形花纹，像一棵棵颗粒饱满、硕大无比的麦穗，象征着新的一年会五谷丰登。但更多的是把饺子包成几种形状，预示着来年能财满屋，粮满仓，生活蒸蒸日上。

民 居

■ 小导游多多的资料袋

民居是包含住宅以及由其延伸的居住环境。由于中国疆域辽阔，民族众多，各地的地理气候条件和生活方式都不相同，因此，各地人居住的房屋的样式和风格也不相同。在中国的民居中，最有特点的是北京四合院、西北黄土高原的窑洞、安徽的古民居、福建和广东等地的客家土楼和内蒙古的蒙古包。

课文再现

《各具特色的民居》（人教版六年级下册）详细介绍了特色鲜明的客家民居和傣家竹楼，展示了我国地方民居的多姿多彩，体现了民居本身所蕴涵的民族智慧和深厚的文化底蕴。

小导游多多有话说 <<<<

嗨！大家好！我是你们的小导游多多，读了这篇文章，你是不是被各具特色的民居吸引了呢，是不是很想去参观一下呢？下面就让我带领你们去看看不同地方的民居吧！

空中的阁楼

吐鲁番民居

吐鲁番的气温高达38℃，最高气温达49.6℃，尽管绝对温度很高，但早晚温差却很大。早在两千多年前就有了以交河古城为代表的挖土或半穴居建筑，发展到后来变为下沉式窑洞建筑，到了近代，演变为"下窑上屋"土坯砌拱顶的民居。

在吐鲁番的吐峪沟麻扎尔村落至今仍遗存着古老、独具特色的维吾尔民居。

在这里可看到质朴、自然的原始文化、农耕文化在这块古老的土地上的衍生和发展，甚至还可以看到交河、高昌故城民居的一些遗存。

村落随吐峪沟河谷两岸依山坡民居的增加而自然形成。小巷两旁的民宅，均为顺应需要和地形自然构筑，虽然其相貌平平，甚至有些古老、原始，但是他们的建筑构想，非常适合该地区夏季酷热、冬季寒冷的气候特点要求。

据考察，吐峪沟民居也像喀什民居一样经历了数百年的风风雨雨。但是，吐峪沟麻扎尔村落民居与喀什老街民居的建筑结构基本相同，均为土木结构的二至三层的平顶土楼。

喀什民居所具有的特点，如：空中楼阁、过巷土楼等在吐峪沟麻扎尔村落随处可见。但与喀什民居不同的是这里的每户民居庭院的顶部都修有高大的屋顶，四周和屋顶均有通风的窗洞及天窗。不少的屋顶上方有用土坯砌制的四壁设有通风孔的晾房，为挑选和晾晒葡萄干提供了宽阔的空间。个别屋顶上方同时还搭有凉棚，为会客、纳凉提供了场所。

更具有特色的是每家都有通往屋顶的门洞，沿屋顶可串门。

采用对比，充分说明喀什民居的特点。

这里的维吾尔人将传统的地面凉棚改为"空中阁楼式凉棚"。室内一般都砌有很大的土炕，上面铺有地毯，供起居坐卧，土炕的三周钉挂着布料做的墙裙。

在卧室和厨房四面墙上根据需要设置大小不等的壁龛，摆放东西。尤其喜欢将名贵的地毯挂在室内的墙上供欣赏。

我曾去过新疆很多地方，考察过喀什民居和吐峪沟麻扎尔村落。通过比较，我认为吐峪沟麻扎尔村落的民居是新疆多元文化中最具特色，至今保存较完好的维吾尔民居，其建筑形式多种多样，从传统的土坯房到做工精细宅院、商铺，式样应有尽有，犹如一个鲜活的维吾尔民居博物馆。

小导游多多考考你

1.小朋友，你知道吐鲁番的民居有什么特点吗？

_____

_____

2.请你简单说说吐鲁番的民居是怎样变化的？

_____

_____

小导游多多讲心得

吐鲁番的独特的民居不愧被誉为空中的楼阁，其特点与其当地的气候相适应。同时，它也构成了新疆多元文化的一方面，丰富了维吾尔民居的内容。

怒族民居

怒族是一个历史悠久的民族，早在唐朝就已有对怒族的记载。怒族主要分布于怒江大峡谷及澜沧江边，是这两岸最古老的民族。怒族的民居由于受地区自然环境不同，支系生活习惯的差异，宗教信仰不同的影响，也就形式各异。史书中曾有对怒族的房屋有所记载："覆竹为屋，编竹为垣。"但怒族民居并非只此一种，其形式大致有：干栏式竹楼、木楞房、土墙房几种。

> 引用史书，准确真实。

　　干栏式竹楼，怒族人俗称为"千脚落地房"，其形式类似于重庆"吊脚楼"，它是根据怒江大峡谷山高坡陡的特点，依山就势建造的。居住在怒江峡谷的怒族因为山高坡陡，基本上无法建造平房，所以

干栏式竹楼

在修建房屋时只好依山而立，盖成楼房。靠山一面，就以山地支撑，背山一面，或用柱、或用墙支撑，楼上住人，楼下关养家禽牲畜。墙面又根据地方取材易难一般分为两种。一种便是古文所记载的"编竹为垣"，它用篾笆做外墙和房中隔墙；另一种则是以直径为三四寸的圆木两头加卡榫相叠，组合成垛木房墙。楼面用竹编篾笆或大木板铺就。楼下的墙面随着房柱并排木桩，稀稀疏疏。"千脚落地的房子"的俗称也就是因此而来。这种怒族民居因地制宜，就地取材，节省工料，建造简易。而且它冬暖夏凉，非常适合怒江峡谷的气候特征。

木楞房和土墙房均为院落式房屋，在贡山、兰坪居住的怒族民居多为这两种形式。其建造方式也基本相同，木楞房的上半部分为木楞，下半部分为土墙；而土墙房则整幢房屋均为土墙建造。屋顶为木板或石板倾斜覆盖，两面滴水，楼板用厚木板铺就。下层同样是用来关养家禽牲畜，上层住人。上层一般分为三间，中间一间设有火塘，用做厨房、客厅和老人卧室，两侧的两间分别为主人卧室和储藏室。这种房屋在朝向上又分为两种，布局也就有所不同。一种是面山朝向，在房屋面山处开挖一块小院坝，院坝直通设火塘的房间；另一种是背山朝向，在房屋悬空处设环形走廊，中间有较宽的阳台，有门连到设火塘的房间，侧面设小院坝，有两三级台阶连接着侧屋的正门。平顶房的布局比较复杂，一般都是有围墙的院落式房屋。房内还设有厕所和过道，房顶用作打场，还设有储藏室，组成两层或三层错落的楼房。这种两三层院落式的房屋，一般会在离院落一定距离的地方另设干栏式垛木小楼，楼下以柱支撑悬空，楼上储藏粮食。

解放前，怒族民居一般都不设窗户，只开设小孔，光线阴暗，房间内十分潮湿；解放后，随着怒族人民生活水平提高，在房屋上都开设了窗户，光线充足，房屋的建造也逐渐改善，房屋也变得坚固，也不再楼上楼下人畜共屋，卫生状况改善不少。不少先进的家用电器也进入了民居内，偶尔从屋内传出来的电视声、音乐声让你不免感到一丝感慨。

1.小朋友，你知道怒族有哪些民居吗？

_____

_____

2. 干栏式竹楼为什么又叫"千脚落地的房子"？

_____

_____

小导游多多讲心得

怒族的民居还真是各式各样呢，干栏式竹楼因地制宜，适应气候；木楞房和土墙房以院落而成，方便通风。看了这篇文章我还真学了不少知识呢。

中国腰鼓

小导游多多的资料袋

安塞腰鼓源远流长，风格独特，它融舞蹈、歌曲、武术于一体，具有队形多变，刚劲豪放的特点。今天安塞腰鼓已走出黄土高原，它以其粗犷奔放的形象传遍全国。"腰鼓"是陕北各地广泛流传的一种民间鼓舞形式，尤以延安地区的安塞县、榆林地区的横山、米脂等地最为盛行，是陕西民间舞蹈中具有较大影响的舞种之一。1996年，安塞县被国家文化部命名为"中国腰鼓之乡"。

课文再现

《安塞腰鼓》（苏教版六年级上册）这是一首生命的赞歌，力量的赞歌，歌颂生命中奔腾的力量。在文章里，安塞腰鼓，并非只是单纯地在作为人类生命力量的一个载体、一种象征。其自身，就是人类生命力量的凝聚物，最充分、最彻底的表现。这股力量，由西北汉子热情奔放的腰鼓表现出要冲破束缚、阻碍的强烈渴望。贫瘠的黄土地、困顿的生活，生活在这里的人们，物质上、精神上受到太多的压抑、羁绊。安塞腰鼓，表现了挣脱、冲破、撞开这一切因袭重负的力量。

小导游多多有话说

嗨！大家好！我是你们的小导游多多，读了这篇文章，你是不是被张扬豪放的安塞腰鼓吸引了，是不是很想加入到这支狂野的队伍中？下面就让我带领你们去黄土高原感受一下安塞腰鼓表现的激情吧！

课外链接

安塞腰鼓

安塞腰鼓

安塞腰鼓是一种非常独特的民间大型舞蹈艺术形式，具有2000年以上的历史。独具魅力的安塞腰鼓掀起在黄土地上的狂飙，展示出西北黄土高原农民朴素而豪放的性格，张扬出独特的艺术个性。在中国的首都北京，在香港，在中国的各地展现风采，并为世界瞩目。豪迈粗犷的动作变化，刚劲奔放的雄浑舞姿，充分体现着陕北高原民众憨厚朴实、悍勇威猛的个性。

"腰鼓"是陕北各地广泛流传的一种民间鼓舞形式，尤以延安地区的安塞县、榆林地区的横山、米脂等地最为盛行，是陕西民间舞蹈中具有较大影响的舞种之一。

安塞腰鼓多采用集体表演形式，鼓手少则数十人，多时可达百余人。主要通过鼓手们豪迈粗犷的舞姿和刚劲有力的击鼓技巧，充分展现生息在黄土高原上的男子汉们的阳刚之美。

近年来安塞腰鼓为了突出挎鼓子的技巧，表演"场地鼓"时由挎鼓子在场内单独表演。众鼓手在头路鼓子的指挥下，精神振奋，击鼓狂舞，此时只见鼓槌挥舞，彩绸翻飞，鼓声如雷，震撼大地，声势逼人，极富感染力。

描写生动，让读者有身临其境之感

这一段结束后，再穿插表演其他形式的小场节目，如"跑驴"、"水船"、"高跷"、"二鬼打架"、"大头和尚"等。节目形式的多少，视各村的人才和条件而定。小场节目结束后，再接着表演一段大场腰鼓。此刻锣鼓敲得快，唢呐吹得紧，击鼓更激烈，情绪更欢快，使整场表演在强烈的气氛和高昂的情绪中结束。

安塞腰鼓依据不同的风格韵律原有文、武之分。"文腰鼓"轻松愉快、潇洒活泼，动作幅度小，类似秧歌的风格；"武腰鼓"则欢快激烈、粗犷奔放，并有较大的踢打、跳跃和旋转动作，尤其是鼓手的腾空飞跃技巧，给人们以英武、激越的感觉。目前，文、武腰鼓逐渐结合形成新的风格，而以安塞的西河口乡与真武洞两地最有特色。它们生动地反映了当地群众憨厚、淳朴的气质和性格特征。特别在表演中，又有机地糅合了民间武术和秧歌舞动作，有弛有张、活而不乱、进退有序、气势磅礴、浑厚有力。群众赞之为"式子慷慨码子硬"。

安塞腰鼓表演可由几人或上千人一同进行，磅礴的气势、精湛的表现力令人陶醉，被称为天下第一鼓。

1.这篇文章主要介绍了安塞腰鼓的什么特点？

_____

2.安塞腰鼓为什么被称为天下第一鼓？

_____

小导游多多讲心得

安塞腰鼓磅礴的气势真是震撼人心，不管是文腰鼓还是武腰鼓都给人以不同的艺术享受。安塞腰鼓充分体现了陕北高原民众憨厚朴实、悍勇威猛的个性。作者生动细腻的描写使读者有身临其境之感，让我们深深地爱上了安塞腰鼓。

腰鼓与驱瘟的传说

相传，周朝周文王时期，风调雨顺，民安乐业，就是瘟疫制服不了。上至君臣，下至平民，无不为之发愁。人们想方设法制服瘟疫，谋求生存之路。

有人说，瘟疫是一种妖魔鬼怪，怕震动，怕红颜色。人们就想起了用鼓来驱逐瘟疫，他们造了一种小鼓，挂在腰间，起名腰鼓。人们身背腰鼓，披红挂绿，扮成各种"怪兽"，在战鼓伴奏下，边打边跳，边喊边叫地闹起了驱疫震妖活动。说来也怪，自闹起这种活动后，瘟疫也就不再流行了。于是，人们就不分季节不受时间限制地从事这种驱疫震妖活动。

腰 鼓

《宛丘》中这样记载："坎其击鼓，宛丘山下，无冬无夏，值其鹭羽。"人们在宛丘山下，随着咚咚的鼓声，不论寒冬炎夏，戴（穿）着鸟羽，尽情地舞蹈。这正是驱疫震妖活动的真实写照。周代、战国，驱疫避邪之舞"青仪"，方相氏曾"掌蒙熊皮，黄金四目，玄衣朱裳，执戈扬盾，率百隶而时傩，以索室驱疫"。（《周礼·夏官》）其实，这种驱疫活动是一种精神疗法，在震天撼地的鼓声中，人们的那种怕瘟疫的恶念被抛之九霄云外，委靡不振的情绪得到了振奋。有了精神依托，有了战胜瘟疫的信心和决心，瘟疫从此不复存在。

> 揭示出驱疫活动的真谛。

瘟疫被驱逐了，人们又过上了安宁的生活。为了防止瘟疫卷土重来，大家自发地组织驱疫活动，把那种乱喊乱叫改为用词来抒发感情的歌唱，这种歌唱就是后来伞头的雏形。以后，人们就有意识地进行分工，部分人从事歌唱活动，部分人从事插秧等农业生产劳动，故得了合二为一的名词"秧歌"。"秧歌"一词是当时人们从事插秧和歌唱活动的真实反映。

"秦时，根据节令时气大兴祭天，两汉活动更盛。东汉明帝永平二年（公元59年）颁发时令，迎气于五郊：立春之日，迎春于东郊，祭青帝句（勾）芝，唱青阳之歌，并舞之翅舞。夏秋冬时又有西皓、帝临、玄冥之歌，且上郡一带歌舞尤盛。"（《白虎通》卷二《礼乐》）。

随着历史的发展，腰鼓的用途不断扩大，助战、驱疫、震妖兼而有之。这种活动春秋战国兴盛，到秦最普及。

1. 小朋友，你知道利用腰鼓驱逐瘟疫的活动源于哪个朝代？

_____

_____

2. 腰鼓在各个发展阶段有什么特点？

_____

_____

小导游多多讲心得

　　腰鼓的传说表达了劳动人民对美好安定生活的渴望，为了追求美好的生活，他们就想尽各种方式谋求生存。到如今，腰鼓是人们的内心情感的宣泄，代表一种轻松愉快的艺术享受。

元宵节

 小导游多多的资料袋

  农历正月十五元宵节，又称为"上元节"，是中国民俗传统节日。正月是农历的元月，古人称夜为"宵"，而十五日又是一年中第一个月圆之夜，所以称正月十五为元宵节。又称为小正月、元夕或灯节，是春节之后的第一个重要节日。中国幅员辽阔，历史悠久，所以关于元宵节的习俗在全国各地也不尽相同，其中吃元宵、赏花灯、舞龙、舞狮子等是元宵节几项重要民间习俗。

课文再现

  《元宵节》（北师大版一年级下册）一文具有浓郁的中国传统文化底蕴，而且相关活动都是儿童喜闻乐见的，诗歌朗朗上口，激发学生的学习兴趣，并使学生受到民族文化的熏陶，使学生初步了解中华民族的传统节目——元宵节的习俗，同时体会亲情、友情、更加热爱生活。

 小导游多多有话说 <<<<

  嗨！大家好！我是你们的小导游多多，读了这篇文章，你是不是想起了一家人过元宵节的热闹场面，是不是又想起了那甜甜的、黏黏的元宵？下面就让我带领你们回味一下元宵节的幸福吧！

元宵节的来历

　　每年农历的正月十五日，春节刚过，迎来的就是中国的传统节日——元宵节。

　　正月是农历的元月，古人称夜为"宵"，所以称正月十五为元宵节。正月十五日是一年中第一个月圆之夜，也是一元复始，大地回春的夜晚，人们对此加以庆祝，也是庆贺新春的延续。元宵节又称为"上元节"。

元宵节

　　按中国民间的传统，在这天皓月高悬的夜晚，人们要点起彩灯万盏，以示庆贺。出门赏月、燃灯放焰、喜猜灯谜、共吃元宵，合家团聚、同庆佳节，其乐融融。

　　"猜灯谜"又叫"打灯谜"，是元宵节后增的一项活动，出现在宋朝。南宋时，都城临安每逢元宵节时制谜，猜谜的人众多。开始是由好事者把谜语写在纸条上，贴在五光十色的彩灯上供人猜。

　　民间有过元宵节吃元宵的习俗。元宵由糯米制成，或实心，或带馅。馅有豆沙、白糖、山楂、各类果料等，食用时煮、煎、蒸、炸皆可。

引用传说，说明元宵节习俗的来历。

　　起初，人们把这种食物叫"浮圆子"，后来又叫"汤团"或"汤圆"，这些名称与"团圆"字音相近，取团圆之意，象征全家人团团圆圆，和睦幸福，人们也以此怀念离别的亲人，寄托了对未来生活的美好愿望。

　　元宵节是中国的传统节日，早在两千多年前的西汉就有了，元宵赏灯始于东汉明帝时期，明帝提倡佛教，听说佛教有正月十五日僧人观佛舍利，点灯敬佛的做法，就命令这一天夜晚在皇宫和寺庙里点灯敬佛，令士族庶民都挂灯。以后这种佛教礼仪节日逐渐形成民间盛大的节日。该节经历了由宫廷到民间，由中原到全国的发展过程。

　　元宵节的节期与节俗活动，是随历史的发展而延长、扩展的。就节期长短而言，汉代才一天，到唐代已为三天，宋代则长达五天，明代更是自初八点灯，一直到正月十七的夜里才落灯，整整十天。与春节相接，白昼为市，热闹非凡，夜间燃灯，蔚为壮观。特别是那精巧、多彩的灯火，更使其成为春节期间娱乐活动的高潮。至清代，又增加了舞龙、舞狮、跑旱船、踩高跷、扭秧歌等"百戏"内容，只是节期缩短为四到五天。

1.小朋友，看完这篇文章，你能简单说一下元宵节的来历吗？

_____

_____

2.人们为什么把元宵叫"汤圆"呢？

_____

_____

小导游多多讲心得

　　元宵节的历史可谓悠久，这是我们中国人的传统节日，这一天人们都要举办一系列的庆祝活动，寄托对未来生活的美好愿望。读到这篇文章，我又回忆起跟伙伴们猜灯谜的情景。

中国的花灯

中国花灯是多种技法、多种工艺、多种装饰技巧、多种材料制作的综合艺术。花灯种类繁多，有龙灯、宫灯、纱灯、花篮灯、龙凤灯、棱角灯、树地灯、礼花灯、蘑菇灯等，形状有圆形、正方形、圆柱形、多角形等。

龙灯，亦称"龙舞"，是中国民间灯饰和舞蹈形式之一，流行于中国的很多地方。龙灯前有龙首，身体中间节数不等，但一般为单数，每节下面有一根棍子以便撑举。每节内燃蜡烛的就称为"龙灯"，不燃蜡烛的称为"布龙"。舞时，由一人持彩珠戏龙，龙头随珠转动，其他许多人各举一节相随，上下掀动，左右翻舞，并以锣鼓相配合，甚为壮观。

花灯

宫灯，是中国驰名世界的特种工艺品。宫灯因多为皇宫和官府制作和使用，故有此名。现存最早的宫灯是故宫博物院收藏的明朝宫灯。宫灯的制作十分复杂，主要用雕木、雕竹、镂铜作骨架，然后镶上纱绢、玻璃或牛角片，上面彩绘山水、花鸟、鱼虫、人物等各种吉祥喜庆的题材。上品宫灯还嵌有翠玉或白玉。宫灯的造型十分丰富，有四方、六方、八角、圆珠、花篮、方胜、双鱼、葫芦、盘长、艾叶、眼镜、套环等许多品种，尤以六方宫灯为代表。1915年，北京宫灯首次被送到巴拿马万国博览会展出，荣获金奖，受到国际好评。其后，宫灯逐渐向实用方向发展，出现各种吊灯、壁灯、台灯和戳灯等。中国的宫灯制作以北京最为有名。

走马灯是花灯艺术中一类独特的观赏灯种，其声誉传遍海内外，以广东走马灯为最佳。走马灯通常是在灯中置一转轮，在其上贴好用彩纸剪成的各式人物、花鸟等形象，轮下点燃蜡烛，热空气上升，引起空气对流，使轮子转动，纸像也就随之转动，画面连续不断，动感很强，引人入胜。

> 这种灯真的是很有特色啊!

纱灯是用麻纱或葛麻织物作灯面制作而成，多为圆形或椭圆形。红纱灯亦称红庆灯，通体大红色，在花灯的上部和下部分别贴有金色的云纹装饰，底部配金色的穗边和流苏，美观大方，喜庆吉祥，多在节日期间悬挂。影纱灯则以各色麻纱蒙制，上面多绘花鸟虫鱼、山水楼阁等，并配上金色云纹装饰及各色流苏，更是五彩缤纷，争奇斗艳，为佳节喜日增光添彩。

小导游多多考考你

1. 小朋友，看完这篇文章，你知道作者主要介绍了几种花灯？

_____

_____

2. 你最喜欢哪种花灯？为什么？

_____

_____

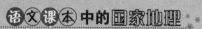

小导游多多讲心得

　　中国花灯真的是多种技法、多种工艺、多种装饰技巧、多种材料制作的综合艺术啊。读了这篇文章，我不仅了解了中国花灯的发展历史和种类，还学习到了作者运用的总—分写作方法，使段落层次更加清晰。

异域风情

波 兰

 小导游多多的资料袋

波兰，全称波兰共和国，是一个中欧国家，面积为31万多平方千米，位于中欧东北部，海岸线长528千米。地势北低南高，中部下凹。海拔200米以下的平原约占全国面积的72%。全境属于由海洋性向大陆性气候过渡的温带阔叶林  气候，自西而东，自北而南，海洋性渐减，大陆性递增，年降水量450-800毫米，南部山区可超过1000毫米。森林占国土28%。

课文再现

《检阅》（人教版三年级下册）通过记叙儿童队员让拄拐的博莱克参加波兰首都华沙的检阅，后来得到观众们称赞的事。赞扬了儿童队员们不歧视残疾人，平等对待他们，关爱他们的行为，同时也赞扬了博莱克为集体争光的精神。

小导游多多有话说 <<<<

嗨！大家好！我是你们的小导游多多，读了这篇文章，你是不是被那名特殊的儿童队员吸引了呢，是不是很想去观看这场特殊的检阅呢？下面就让我带领你们去感受一下这激动人心的热闹场面吧！

课外链接

美妙的波兰之旅

波兰全年最舒适和最美丽的季节是每年的五月到九月，我们一行人非常幸运，赶上了波兰合适的时间和舒适的季节。

由于波兰是一个拥有强烈宗教信仰的国家，因此当地的教堂特别多。于是我们把参观游览的第一站定在安放肖邦心脏的圣十字教堂。驱车前往教堂的路上，人们没怎么说话，我猜想大家和我一样都在对这座教堂做着种种设想，设

波兰

想它的外观，设想它的内在灵气。曾听一个有名的建筑设计师说，好的建筑是有灵魂的，而且这灵魂可以被人感知得到。我想著名的圣十字教堂应该就是这种负载了灵魂的建筑物。到了一看，果不其然，教堂的外观颇具风格，在它身上有显著的西方民族特色。教堂的里面十分安静，内里高大、视野开放，宛若被洗涤过的心灵一样干净，没有外界带来的嘈杂，永远坚守着自己的宁静。我们参观的时候恰逢几个当地人在静坐洗礼。我们在一旁静静地观看，倾听着其实听不懂的语言，但是我们的心感受到了一种被净化的强大力量。

从圣十字教堂出来，我们意犹未尽，坐在车上还在回味刚才的神圣，但是司机已经在不知不觉中把我们带到了华沙老城——我们此行的第二站。虽然当天的天气特别炎热，但是恰逢周末老城上游玩的人还是很多。波兰人很会享受生活，周一至周五努力工作，到了周末，他们会和老人、孩子聚在一起到老城散散步，到郊外度个假，充分地享受生活。除了波兰人的开朗、乐观给我们留下深刻印象之外，还有一点也让我们非常难忘，那就是波兰的姑

娘长得都很漂亮，大大的眼睛散发着诱人的光芒。整张面孔都透着异域风情，看得我们此行的小伙子们有点不忍离去。

> 波兰姑娘真是太美了！

　　来到波兰如果不去参观居里夫人故居那简直就太遗憾了。但是十分不巧，由于我们来之前没有详细了解参观时间，因此当我们匆匆忙忙赶到的时候故居已经闭馆了。无奈我们只能在门口作简单参观。从外表看，建筑普通、简洁没有特别新奇的地方，因此很难想到居里夫人是怎样在这份简单中获得了震惊世人的灵感。也许这就是伟人不同于常人的地方吧，他们往往不依赖于外在的奢华。一份心灵固有的沉静使他们的精神得到了锤炼，普通中造就了伟大。

　　整个波兰之旅时而幽深、时而昂扬，起伏的内心就像波兰悠久的历史一样绵长、静谧。在即将离开波兰的时候，我突然意识到波兰的最大魅力就在于它能够让所有到过这片土地的人流连忘返！

小导游多多考考你

1.作者是按什么顺序写作的呢？

_____

_____

2.当作者看到居里夫人简陋的故居时，他有什么感想？

_____

_____

小导游多多讲心得

　　本文作者是按游览的顺序写出了一行人的美妙波兰之旅。在描写具体景物时采用了从外到内，从整体到局部的顺序加以描写。在描写的过程中要抒发自己的感情。如在参观安放肖邦心脏的教堂里体验到的那份宁静，在居里夫人故居感受到的那份无法表达的伟大情怀。

波兰建国的传说

　　波兰建国于公元10世纪中叶，但波兰民族的历史却可以追溯到公元前许多个世纪。

　　很久很久以前，在一个富饶的国度里，居住着三个兄弟，他们的名字分别叫莱赫、捷克和罗斯。三兄弟的父亲是这个国度的统治者。三兄弟从小便在一起骑马射箭，练习武艺，因为他们都有伟大的抱负，那就是长大以后，各自建立自己的家园。

　　时间飞逝，十几年过去，三兄弟都长得高大英俊，他们认为自己已经具备闯荡世界的能力。一天，三兄弟约好一起拜见他们的父亲。"尊敬的父亲，

波兰的象征

我们三兄弟日日练习骑马射箭，现在已能在马儿奔跑时飞身上马，并且射中远处的靶心。"父亲听后称赞他们，并允许他们去远方寻找自己的领地。

当他们在遥远的西边找到一块美丽富饶的土地时就决定迁移他们的居住地。经过长途跋涉之后他们来到一片很大的林中空地。筋疲力尽的三兄弟下马在一片大树荫下休息。噪声惊动了附近在树上抚养孩子的老鹰一家。他们为了躲避危险飞到了更高的树上。望着在夕阳下的天空中向上高飞的白鹰，被此景迷住的金发莱赫和他的部族们决定在这个地方建立他们的居住地，取名格涅兹诺即鸟巢。之后，红色背景上的白鸟图案成了新国家波兰的象征。

罗斯和捷克休息几天之后，便往更远的地方移动。罗斯回到了东面，捷克去了南面。这些就是三个国家诞生的开端，即波兰，捷克和俄罗斯。

原来这些国家是这么建立的啊，还真是有意思。

 **小导游多多考考你**

1.你知道三兄弟后来分别建立了哪个国家吗？

_____

_____

2.波兰国旗上为什么会有白鸟图案？

_____

_____

 小导游多多讲心得

　　读了本文，我深为三兄弟的高超本领和远大抱负而感动。他们不畏艰难险阻，经过长途跋涉终于找到了新的领土，建立了自己的国家。这真是大将的风度啊！

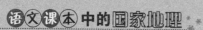
📖 小小资料箱

肖邦的心脏为什么安放在圣十字教堂？

1849年，39岁的肖邦在法国巴黎病逝，并被葬在巴黎。根据肖邦生前的请求，他姐姐把他的心脏送回祖国，现仍安放在华沙的圣十字教堂。肖邦的死亡证明上所写的死因是肺结核。科学家说，直到肖邦去世数十年后，人们才诊断出囊肿性纤维化症，而肖邦有许多症状都符合这种病的病征，如呼吸系统易感染，持续发烧，发育延迟以及不育等。

荷兰

 小导游多多的资料袋

荷兰，全称是荷兰王国，是位于欧洲西北部的一个国家，国土总面积为41864平方千米，濒临北海，与德国、比利时接壤。该国以海堤、风车和宽容的社会风气而闻名。首都设在阿姆斯特丹，中央政府在海牙。风车、郁金香、奶酪、木鞋，被称为荷兰的四宝。

课文再现

《牧场之国》（人教版四年级下册）描绘了荷兰牧场白日的辽阔无际、宁静和谐和夜晚的祥和寂静、神秘含蓄。课文的描写让我们看到了荷兰的牧场和运河交错的独特地形，看到了畜牧业尤其是奶牛和奶制品在荷兰国计民生中的重要作用，更看到了荷兰的蓝天、碧草、牛羊组成的优美迷人、自然和谐的景观。

 小导游多多有话说 <<<<

嗨！大家好！我是你们的小导游多多，读了这篇文章，你是不是被美丽的牧场之国吸引了呢，是不是很想去荷兰看一看呢？下面就让我带领你们去欣赏一下荷兰的风车和郁金香吧！

课外 链接

荷兰的风车

在荷兰鹿特丹市郊外的一处原野，我们攀上377级台阶，登上了"观光风车"高达85米的瞭望平台。风车的巨大叶片在风中悠闲自在地转动着，呼呼嗡嗡的声音萦绕耳际。

导游告诉我们，这不是一架普通的"风车"，而是一座现代化的

荷兰风车

风力发电塔，它是全荷兰唯一一个设有观景台的风力发电塔。全塔总高120米，叶长35米，装机容量1.5兆瓦，发电能力超过350千瓦时。自从投入使用以来，这座发电塔满足了附近1250户居民的用电需求。

站在现代风车观光台上，大家专心地聆听着导游的讲述，对风车所表现出的荷兰人的创造力产生了由衷的敬意。据介绍，全荷兰的风力发电装机容量已达783兆瓦，风力发电能力在欧盟成员国中排行第五，对于只有4万多平方千米的国家来说，这是个了不起的成就。

荷兰位于欧洲西部，地势低洼，沼泽湖泊众多，1/3的土地在海平面6米以下，是一个"低地之国"。首都阿姆斯特丹的大部分城区低于海平面1~5米，都靠高高的堤坝保护，建筑物则靠无数的粗大木桩支撑着。位于市中心的皇宫，地基下打着15000根粗大的木桩，因而，阿姆斯特丹又有"木桩撑起的首都"之称。几千年来，荷兰的土层持续缓慢下降，荷兰人不仅要防止海水吞没国土，还要围海造地，不断扩大自己的生存空间。修筑堤坝和围海造

地都需要大量排水，古代没有电力，便利用风。1229年，荷兰人发明了世界上第一座为人类提供动力的风车，后来还创造了高达9米的抽水风车。

在欧洲流传着这样一句话：上帝创造了人，荷兰风车创造了陆地。如果没有这些矗立在宽广地平线上的抽水风车，荷兰无法从大海中取得近乎国土1/3的土地，也就没有后来的奶酪和郁金香的芳香，更没有今天日益增多的环保能源。为此，荷兰人为这劳苦功高的风车，设立了一个节日——"风车日"。每年5月的第二个星期六，全荷兰的风车一齐转动，举国欢庆。到处都是风车或风车的图案饰物。商店摆满了造型精致、五彩缤纷的风车工艺品，店门悬挂的也是风车。

我们每到一处所面对的风车，无论是古老的景观，还是现代化的发电与观光并重，感觉都是荷兰民族精神的象征与荷兰人的骄傲。

> 抒发了作者真挚的思想感情。

小导游多多考考你

1.风车在荷兰是干什么用的？

_____

_____

2.为什么作者说风车是荷兰民族精神的象征？

_____

_____

小导游多多讲心得

读了本文，我真正感受到了美丽的异域风情，那数不尽的风车、那散发着浓香的郁金香……风车是荷兰的景观，更是荷兰的骄傲。

郁金香的故事

郁金香原产中亚及周围地区，即我国"天山上的红花"。在花卉的天地里，郁金香堪称为大名鼎鼎的洋花。它的确切起源已难于考证。但现时多认为源自锡兰及地中海偏西南方向，至1863年传至荷兰。嗨，好家伙！热爱奇花异卉的荷兰人一下子把郁金香捧上了天。他们对它那种美妙的酒杯形花朵竟如痴如醉。

有人还编了一个故事：古代有位美丽的少女住在雄伟的城堡里，有三位勇士同时爱上了她。一个送她一顶皇冠；一个送把宝剑；一个送块金堆。但她对谁都不予钟情，只好向花神祷告。花神深感爱情不能勉强；遂把皇冠变成鲜花，宝剑变成绿叶，金堆变成球根，这样合起来便成了郁金香了。这个故事更加深了荷兰人对这花的印象。甚至有媒体介还宣扬一句箴言："谁轻视郁金香，谁就是冒犯了上帝。"终于一场"郁金香热"席卷荷兰全国以至欧洲。不少人认为"没有郁金香的富翁也不算真正的富有"。有的人竟宁愿用一座酒坊或一幢房子去换取几粒珍稀的种子。这许许多多的"狂人舞曲"却使荷兰富裕起来了。19世纪之初荷兰全国只种郁金香130英亩，到了20世纪中叶已发展到20000多英亩，占全世界郁金香出口总量的80%以上，行销125个国家，被誉为"世界花后"。这个超级拳头产品的出现，使郁金香当然无愧地成为国花，也无愧与风车、奶酪、木鞋一道被定为"四大国宝"了。

> 人人都喜欢把喜爱的事物放在动听的故事里。

荷兰郁金香

郁金香属于百合科多年生草本植

物。经过园艺家长期的杂交栽培，目前全世界已拥有8000多个品种。它色彩艳丽，变化多端，以红、黄、紫色最受人们欢迎。但开黑色花的郁金香，却被视为稀世奇珍。19世纪，法国作家大仲马所写的传奇小说《黑郁金香》中，赞美这种花"艳丽得叫人睁不开眼睛，完美得让人透不过气来"。其实，纯黑的花是没有的。黑郁金香所开的黑花，并不是真正的黑色，它犹如黑玫瑰一样，倒是红到发紫的暗紫色罢了。

1. 荷兰的四大国宝是什么？

_____

_____

2. 大仲马赞美的"艳丽得叫人睁不开眼睛，完美得让人透不过气来"是哪种花？

_____

_____

　　走进荷兰，你不能拒绝郁金香的诱惑，你不能拒绝风车的诱惑。这种美丽的花后，这种当之无愧的荷兰国花，为荷兰创造了不同寻常的经济效益，使荷兰名声大振。读了本文，我真想走进荷兰，亲自嗅一嗅郁金香的浓郁。

威尼斯

小导游多多的资料袋

威尼斯是意大利东北部城市，亚得里亚海威尼斯湾西北岸重要港口。人口34.3万。建于离岸4千米的海边浅水滩上，平均水深1.5米。由铁路、公路、桥与陆地相连。由118个小岛组成，并以177条水道、401座桥梁连成一体，以舟相通，有"水上都市"、"百岛城"、"桥城"之称。

课文再现

《威尼斯的小艇》（人教版五年级下册）这篇课文从小艇是重要的交通工具、小艇的外形和坐在船舱里的感觉、船夫的驾驶技术好、威尼斯人的生活离不开小艇等几方面，介绍了水城威尼斯独特的交通状况和风土人情。

小导游多多有话说

嗨！大家好！我是你们的小导游多多，读了这篇文章，你是不是被威尼斯奇异的风光吸引了呢，是不是很想去坐一坐威尼斯小艇呢？下面就让我带领你们去这座美丽的水上城市转一转吧！

威尼斯的夜

威尼斯的夜是让人看不够的，更是永远让人看不完，看不透的。朋友说，如果你没有领略过威尼斯的夜色，你的水城之旅将是不完整的。

入夜后的威尼斯与世界其他著名城市相比，的确有着迥然不同的一番景象和氛围：漆黑深邃，神秘诡异，充满种种意外和惊喜，令人甘受诱惑而又陶然其间。一座座小桥的标牌在夜色中将黑黑的影子投射在运河上面，不经意间被突然驶出水巷的贡多拉划破了寂静，与坐在船上装束各异的游客重迭，呈现出千姿百态的样子，与俞平伯《桨声灯影里的秦淮河》更有着别样的趣味。

在嘉年华举行的夜晚里，窄街细巷间不时有身着缤纷古装，头戴各式假面具的男女走过，人们彼此打量，面具后面幽深的目光仿佛要透过历史的风尘，相互探寻跨越世纪的生死环报，喜怒忧怨，使这座夜色笼罩下的美丽城市蒙上了一层奇异诡谲的面纱。

在里亚托桥附近的运河两岸有许多间烛影闪烁的餐馆，考虑到入夜后的寒冷，餐桌之间大都放置了点燃的暖炉，在这里一边用餐，一边眺望欣赏运河上过往船只明灭的灯火和装束奇特多姿的游人，着实有另一种风情。千万不要害怕踏着铺满青石的小路钻进幽深的小巷去向热情友善的威尼斯人寻古问今，因为威尼斯的夜晚还是非常安全的，很少有窃贼和抢

里亚托桥

劫的事情发生。冷冷的月光下拖着长长的影子走近圣保罗教堂附近，一位身穿黑色斗篷，面涂白色的高个男子孑然独立在一盏路灯底下，相对无语，让你一下感觉不知身在何处——前世冥界还是今世人生。同样的夜色中，在圣马可广场则是另外的景象，教堂外面高大的廊柱是幽会情人们

> 威尼斯的夜充满神秘气息，使人感受的是异域风光独特的美。

的最爱，宽厚昏暗柱影下的热吻和远处悠悠的小提琴曲，整个城市弥漫着浓浓的浪漫撩人和神秘摄魄的气息。

1.在威尼斯的夜里另一种风情是什么？

_____

_____

2. 你如何理解"威尼斯的夜是让人看不够的，更是永远让人看不完，看不透的"这句话？

_____

_____

 小导游多多讲心得

> 夜色给人的感觉除去黑暗就是恐怖，可是读了本文，威尼斯的夜给人的感觉却是充满神秘的一种异域美，使读者情不自禁地想去那里感悟一下夜色中的特殊情趣。

水城威尼斯

威尼斯是世界闻名的水上城市，河道纵横交叉，小艇成了主要的交通工具，等于大街上的汽车。

——《威尼斯的小艇》

贡多拉

威尼斯外形像海豚，城市面积不到7.8平方千米，却由118个小岛组成，177条运河蛛网一样密布其间，这些小岛和运河由大约350座桥相连。整个城市只靠一条长堤与意大利半岛连接。

威尼斯的风情总离不开水，蜿蜒的水巷，流动的清波，她就好像一个漂浮在碧波上浪漫的梦，诗情画意久久挥之不去。

这个不到8平方千米的城市，却被一百多条蛛网般密布的运河割成一百多座小岛，岛与岛之间只凭各式桥梁错落连接，初来乍到很快便会迷失在这座"水城"中。好在有大运河呈S形贯穿整个城市。沿着这条号称"威尼斯最长的街道"，可以饱览威尼斯的全景。

虽说威尼斯的守护神和城市象征是圣马可广场上那头带翅膀的狮子，可在人们心中，说到威尼斯就自然会想到穿梭于水巷中的贡多拉。这是一种月牙形的黑色平底小船，几百年前，威尼斯贵族们喜欢乘坐雕刻精美、装饰着绫罗绸缎的贡多拉互相斗富。为了刹住这种奢靡的风气，威尼斯政府颁布了一条法令，禁止把贡多拉漆成彩色，于是，曾经争奇斗艳的贡多拉都变成了今天人们看到的黑色小船。

船行之处，处处有桥。威尼斯的桥有350座之多，最有名的莫过于叹息桥。它是连接总督府和监狱的一座封闭式的巴洛克风格的桥。至于为什么这座桥有这么个无奈的名字，说法很多。有个说法是一名死囚走过叹息桥时，透过桥上的窗户看到对面房子里自己的女友拥抱着新情人，不禁深深叹息。

叹息桥因此得名。不管这个传说是不是有来由，至少现在的叹息桥已经成了恋人见证爱情的地方，无数情侣在这里上演深情一幕，也算得是威尼斯的一景。

　　威尼斯的浪漫中多少掺杂一些凄美，地下水抽取过多，造成威尼斯的陆地不断下沉，再加上周期性的潮水，因水而美丽的威尼斯正在被洪水慢慢侵蚀。她还会为我们的世界美丽多久？这已经不是我们能够左右得了的事情。我们能做的仅仅是靠近她，欣赏她，把心盛满浪漫的感受再离开。

 小导游多多考考你

1."叹息桥"有什么与众不同之处？

＿＿＿＿＿＿＿＿＿＿＿＿＿＿＿＿＿＿＿＿＿＿

＿＿＿＿＿＿＿＿＿＿＿＿＿＿＿＿＿＿＿＿＿＿

2.读完文章，你知道贡多拉指的是什么吗？

＿＿＿＿＿＿＿＿＿＿＿＿＿＿＿＿＿＿＿＿＿＿

＿＿＿＿＿＿＿＿＿＿＿＿＿＿＿＿＿＿＿＿＿＿

小导游多多讲心得

　　作者从威尼斯的外形说起，给我们描绘了威尼斯的各个景观，让人不禁惊叹于威尼斯的美丽，文章最后又给我们以警示，再美的东西如果不好好珍惜，最终会走向灭亡。

非洲

小导游多多的资料袋

非洲现有53个独立国家，北部非洲7国，撒哈拉以南非洲46国。面积为3029万平方千米（包括近海岛屿），占世界陆地总面积的五分之一。东濒印度洋，西临大西洋，南隔厄加勒斯海盆同南极洲相对，北凭地中海与欧

洲相望，东北以红海和苏伊士运河为界毗邻亚洲。赤道横贯大陆中腰。南北全长8100千米，南起南非的厄加勒斯角，北抵突尼斯境内的本塞卡角；东西全长7500千米，东自索马里的哈丰角，西至塞内加尔的佛得角。

课文再现

《彩色的非洲》（人教版五年级下册）本文作者以饱满的热情，描述了非洲的骄阳蓝天、花草树木、动物世界、人们的日常生活以及艺术风采，从多个方面展示了非洲的自然风光和异域文化，突出表现了作者的真切感受——"非洲真是一个色彩斑斓的世界"，让人读后大开眼界，十分向往。

小导游多多有话说 <<<<

嗨！大家好！我是你们的小导游多多，读了这篇文章，你是不是被别具特色的非洲景观吸引了呢，是不是很想去非洲看一看呢？下面就让我带领你们看看这个色彩斑斓的世界吧！

课外链接

博茨瓦纳游记

当看到博茨瓦纳的国旗时，我们意识到我们已经进入博茨瓦纳共和国。这个南部非洲最富裕的国家拥有世界上最大的钻石矿，他们骄傲地把钻石的开采印到了他们的货币——普拉上面，正是这种看似粗糙的货币，却有着令人惊奇的汇率，1美金可以兑换4.1普拉!

> 开门见山的介绍使我们对这个小国家产生特殊的感情。

他们国家的国旗是蓝底带有黑白蓝细条，说黑色代表这个国家的黑人，蓝色代表雨，白色代表祈祷，含义是举国的人祈祷降雨，之后我们在这个国家的见闻使我们明白了这个国家对雨的渴望，Louise告诉我们在博茨瓦纳的国语茨瓦纳语中该国的货币普拉译为雨，可见他们渴望降雨。

我们看见一块木牌上写着：Welcome to Botswana（欢迎来到博茨瓦纳）。再向前走了不到500米，就看见数十辆卡车，两旁的工作人员很友好问我们是否来这里拍电影。车场旁边是一栋二层的楼房，那就是该国的海关，进入大厅，只见几个窗口有人办公，我们入境该国还要填写入境表，真不明白我们已经获得该国签证为什么还要填表，后来说，因为博国是富国所以比较严格，之后看到几个爱尔兰人也在填表，我们也就明白了。

因为博国也是贫富差距悬殊，城市车多，我们在路上居然看到一个中国人在那里指挥修路。郊区空旷，所以Louise开车

博茨瓦纳

时速120迈，结果被老黑交警拦下，警察白帽子黑制服，说话很干脆，罚款80普拉，可能因为我们是外国人，他盯着我们一个劲地看，Louise和他交涉了一下，回来和我们说，他和警察说没钱，警察居然放了他，说看在车里有外国人的份上，Louise很高兴，说80普拉相当于他一天工资，才不会给警察。

车又开了不一会儿，他又开始超速，结果还没多久，就又被警察盯上，要罚120普拉，Louise又去和警察说，可这次没戏，看在我们外国人的面子上也不行，所以他只好认罚。Louise的开快车倒是继承了南非人的习惯，南非人给我的感觉就是做什么事情都慢，可是开车总是超快，所以事故也多。之后我们问Lousie刚才警察为什么盯着我们一个劲的看？他告诉我们这里很少见黄种人，黑人和白人倒很常见，你们在这里还好，城市的警察还算见过世面，要是在农村，当地人会问你是否是火星来的？飞船停在哪里？后来，我们在一个小村落停下来买烧烤用的木头，20普拉。那里的人果然在离我们很远的地方盯着我们看，好在他们没有上前问我们火星、飞船的问题，否则我们还真不知道怎么解释我们是地球人这个事实。

1.小朋友，看完这篇文章，你知道作者是按照什么顺序写的吗？

_____

_____

2.为什么这些博国人把他们当成外星人呢？

_____

_____

小导游多多讲心得

去非洲旅游真是太有意思了，作者是按照游览的顺序来写。我现在才知道博茨瓦纳这个小国家竟然这么富有，汇率高得吓人，真是富庶之地啊！通过本文，我觉得这个国家的经济很发达，但旅游却很落后，不然他们不会把黄色人种当外星人看。

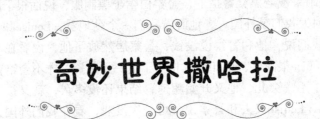

奇妙世界撒哈拉

●奇特的"沙漠釉漆"

雨水在冲刷岩石时，部分水分会渗透到岩石内部，岩石内部所含的铁、锰等物质便溶入水中而浮上石块表面，经日光照射变干，再与空气结合产生氧化作用，从而在岩石表面产生一种黑色或栗色状物质。这就是"沙漠釉漆"。它会产生一种光泽，用来保护岩石，但当它再次受到雨水冲刷时，就很可能剥落了。

地质学家们认为，某些地区的"沙漠釉漆"可能有5万年的历史，但由于经常遭受日晒雨淋，因而保存下来的却只有10~15年的历史。

●千姿百态艺术山

深入撒哈拉，人们可以不时地看见一些裸露沙面之上的石头山。这些

艺术山

石山大小不一，高者超过海拔3000米，例如库西山、塔哈特山、马腊山等。这些山外表或显晶莹的深灰颜色，或显透亮的浅褐色，自下而上布满横向纹路。外形更是千姿百态，造型奇特。有的似馒头，低矮椭圆；有的像清真寺尖塔，上细下粗；有的如柱子一般，傲然挺立……实乃一尊天然艺术品，同时又可作为沙海行进中的路标。

撒哈拉沙漠更独特之处在于，它除了有奇特的石山之外，还可以看到许多形态各异的土山，这些土山均高出地面八九米，或如圆锥，或像金字塔，有的山中还有空间或通道，个别的还有长达数百米的地下隧道。这些土山又是如何形成的呢？原来撒哈拉沙漠中有一种白蚁，它们用衔来的泥土，加上自身分泌的粘液和排泄物，天长日久累积而成。小小的蚂蚁，总是创造出让人类惊叹的奇迹！

● 世界上最贵的树

众所周知，沙漠种树难如登天，然而撒哈拉沙漠东北部却有一株"征服沙漠"的树。这株树生长在埃及有名的赛贝多沙漠的不毛之地——瓦丁·那特兰，栽培的历史已有1600多年。然而如果把人们对它投下的劳动换算成金钱的话，将是一笔无法估算的天文数字。

历史要追溯到公元346年前，一位叫阿帕·阿毛的圣者，把一株准备做手杖的巴旦杏种植在瓦丁·那特兰，并对年轻的弟子小约哈尼说："你要一直浇水，直到它扎下了根，结出了果。"这件事对小约哈尼来说无疑是一件难而又难的事，因为离这棵树最近的一口井也相当远，把水缸挑满就需要整整一夜。可小约哈尼没有气馁，严格遵从师言并在宗教的献身精神激励下，夜以继日地挑水，挑水……功夫不负

> 传说的引用，增加了这个树的神秘感。

有心人，巴旦杏终于在沙漠中生了根，发了芽，长出叶，开了花，最后结了果。前后整整化了3年的时间。

后来，小约哈尼的继承者们和他一样，放弃夜里的睡眠，孜孜不倦地为那棵巴旦杏运水、浇灌——这种真正的献身精神，16个世纪以来就这样代代相传。

1.小朋友，看完这篇文章，你知道撒哈拉有哪些神奇之处吗？

_____

_____

2.看完小约哈尼的故事，你觉得他做的事值得吗？为什么？

_____

_____

小导游多多讲心得

　　大家都知道，非洲的撒哈拉是世界上最大的沙漠，而在那一望无际的荒漠中我们却可以找到最具有生命力的东西，这就是撒哈拉的神奇之所在。

维也纳

小导游多多的资料袋

维也纳有"多瑙河的女神"之称。环境优美，景色诱人。登上城西的阿尔卑斯山麓，波浪起伏的"维也纳森林"尽收眼底；城东面对多瑙河盆地，可远眺喀尔巴阡山闪耀的绿色峰尖。北面宽阔的草地宛如一块特大绿色绒毡，碧波粼粼的多瑙河蜿蜒穿流其间。房屋顺山势而建，重楼连宇，层次分明。登高远望，各种风格的教堂建筑给这青山碧水的城市蒙上一层古老庄重的色彩。

课文再现

《维也纳生活圆舞曲》（人教版五年级下册）本文作者以饱满的热情描述了音乐之都维也纳鸟声之悠扬悦耳，与大自然融为一体，使我们感受到了音乐之美。本文主要向我们展示了一幅富有诗意的维也纳生活风情画卷，表达了作者对维也纳的赞美与向往。

小导游多多有话说 <<<<

嗨！大家好！我是你们的小导游多多，读了这篇文章，你是不是被维也纳的鸟鸣花香吸引了呢，是不是很想去维也纳的小酒馆里坐一坐呢？下面就让我带领你们去感受一下维也纳的生活圆舞曲吧！

课外链接

音乐之都维也纳之旅

　　欧洲著名的历史文化名城维也纳，位于多瑙河南岸，阿尔卑斯山的北麓，整个城市坐落在维也纳盆地之中，四周峰峦环抱，依山傍水，景色迷人。城郊著名的维也纳森林，苍翠幽静，连绵起伏，许多美丽恬静的小村庄仍保持着几百年前的古老风貌。

开门见山写出古都的古今风貌。

　　在由机场去维也纳市区的高速公路上两边是大片的绿色林带，芳草茵茵，路面洁净得像客厅。具有奥地利传统风格的建筑物、圆形罗马建筑和尖顶的哥特式建筑，闪现在绿色环抱之中，相互辉映。维也纳的风采，一下就把我们吸引住了。车在高速地行进着，不知是谁，突然叫了起来："看！多瑙河！"大家都把眼光投向蜿蜒曲折的多瑙河，河水流得很急，水面碧清碧清，在晚霞映照下，"蓝色的多瑙河"更加美丽。

　　我最喜欢多瑙河的清晨。初升的朝阳照着流淌的河水，洁白的水鸟飞来飞去，河畔盛开的鲜艳的郁金香，千姿百态，不断送出阵阵幽香。极目远眺，巍峨的阿尔卑斯山和远处的多瑙塔，尽收眼底，多瑙塔是维也纳市区北面多瑙河公园内著名的塔形建筑物。塔高252米，塔底直径31米，高耸入云，给维也纳天空竖起一座彩色的天柱。塔内有一个露天咖啡馆，游人可以在上面俯瞰维也纳繁华的都市风光和山林田园景色。

　　漫步维也纳街头，常常可以听到悠扬悦耳的乐曲声，这大都是青年业余小乐队在演奏。在广场上、林子里、小湖上到处飘荡着清脆动人的音乐，像一股股沁人心脾的清泉。在维也纳大街上和公园里到处可以看到著名音乐家的塑像。世界著名的音乐大师莫扎特石刻雕像矗立在皇宫公园中心，他张开双手深深地凝视着远方；著名音乐家贝多芬的塑像竖立在街头广场中央，他静静地思索着人类欢乐和悲怆的乐章；在城市公园里有造型别致的"圆舞曲之王"约翰·施特劳斯正在演奏小提琴的铜像，立刻使人想起风靡世界、令人陶醉的《蓝色多瑙河》

维也纳的雕塑

圆舞曲。海顿、舒伯特的塑像都安置在引人注目的场所。还有各式各样的音乐厅遍布全城。

在维也纳的日子里，给我留下最深的印象是：维也纳人崇尚绿色，注重文化，酷爱音乐。我认为，这是现代都市人应当追求的目标。

1.小朋友，看完这篇文章，你知道作者是按照什么顺序写的吗？
_____
_____

2.作者主要描绘了几尊音乐家的塑像？
_____
_____

小导游多多讲心得

　　维也纳真是太美了，美得让人陶醉，不仅陶醉于自然美景，更陶醉于那里悠扬悦耳的音乐。那里的河水是纯洁的，那里的人是文明多情的，他们崇尚绿色，注重文化，酷爱音乐。这也是我们每个人都应该追求的目标。

维也纳森林的故事

今天，我在电脑里听到了一首约翰·施特劳斯的圆舞曲——《维也纳森林的故事》，这首曲子非常优美。我听着听着便沉醉了，似乎真的来到了维也纳森林。

森林里参天的古木连成一片，简直就是绿色的海洋。挺拔的松树仿佛一把把擎天的巨伞，枝叶重重叠叠，阳光透过枝叶缝隙在地上形成点点光斑。小鸟在枝头欢快地鸣叫着，好像在举行唱歌比赛。看，这是只灰色的喜鹊，那是只五颜六色的百灵鸟。走着走着，我眼前出现了一丛缤纷的野花，那些花儿高

维也纳的森林

过了我的头顶，红的、黄的、紫的，美丽极了！穿行在花海之中，迎面是一条清澈见底的小溪，小溪里一颗颗五彩的鹅卵石被水冲得圆圆的，小鱼儿在石缝里玩着捉迷藏的游戏。闻着这清新的空气，似乎我的呼吸都变成绿色的了。我继续向着森林深处走去，地上铺满了落叶，踩在上面沙沙作响，好像踩在了软软的地毯上一样，舒服极了。

在那棵全森林里最古老的松树周围，只见大大小小的动物都聚在那里，大家又蹦又跳，笑声、呐喊声交汇成一片欢乐的海洋，原来它们正在举行运动会呢！小猴子在比赛翻跟头，斑马在比赛长跑，猩猩在比赛摘果子，小鱼在比赛游泳，松鼠在比赛爬树，它们一个个赛得热火朝天，每个队员都拼尽全力去争夺桂冠。

乐曲戛然而止，而我却依然沉浸在幻想之中，美丽的维也纳森林，你是那样神奇，那样令人向往。

前后呼应。

1.小朋友，看完这篇文章，你有什么感想？

_____

2.这篇文章表达了作者什么感情？

_____

_____

小导游多多讲心得

维也纳真的是太美了，以至于作者在优美的音乐之中进入那个美丽的幻境。从文章里可以看出，维也纳美丽的自然景观是他最向往的。

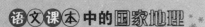资料箱

维也纳的名字与音乐

许多音乐大师，如海顿、莫扎特、贝多芬、舒伯特、约翰·施特劳斯父子、格留克和勃拉姆斯都曾在此度过多年音乐生涯。海顿的《皇帝四重奏》，莫扎特的《费加罗的婚礼》，贝多芬的《命运交响曲》、《田园交响曲》、《月光奏鸣曲》、《英雄交响曲》，舒伯特的《天鹅之歌》、《冬之旅》，约翰·施特劳斯的《蓝色多瑙河》、《维也纳森林的故事》等著名乐曲均诞生于此。如今，维也纳拥有世界上最豪华的国家歌剧院、闻名遐迩的音乐大厅和第一流的交响乐团。每年1月1日在维也纳音乐之友协会金色大厅举行新年音乐会。

阿联酋

小导游多多的资料袋

阿拉伯联合酋长国，一般简称阿联酋，俗称沙漠中的花朵，是一个以产油著称的中东沙漠国家，位于阿拉伯半岛东部，北濒波斯湾，海岸线长734千米。西北与卡塔尔为邻，西和南与沙特阿拉伯交界，东和东北与阿曼毗连。面积83600平方千米。人口423万（2004年），外籍人占3/4，主要来自印度、巴基斯坦等国。阿拉伯语为官方语言，通用英语。居民大多信奉伊斯兰教，多数属逊尼派；在迪拜，什叶派占多数。首都阿布扎比。

课文再现

《沙漠中的绿洲》（苏教版四年级下册）作者向我们介绍了阿联酋人民在茫茫的沙漠中为了改造生活环境，精心侍弄花草树木，终于建成绿洲，营造出良好生存环境的壮举，表现了阿联酋人民对美好生活的追求。

小导游多多有话说 <<<<

嗨！大家好！我是你们的小导游多多，读了这篇文章，你是不是被美丽神奇的沙漠绿洲吸引了呢，是不是很想去阿联酋看一看呢？下面就让我带领你们去欣赏这个沙漠绿洲吧！

阿联酋游记

　　明媚的一天，早早地起床，吃饭，准备妥当。资料是头一天从商场里拿的免费杂志，有阿布扎比的地图，还有一些重要建筑的介绍。今天的主打就是阿布扎比一日游。

　　司机叫Bilali，巴基斯坦人，人很好，很实在，很能吃苦。第一站是博物馆，地图上的名字有点陌生，Bilali给他的同仁打电话咨询，原来博物馆离我们住的地方很近，开车只五分钟就到了。说是博物馆，不如叫图书馆更贴切，因为主体建筑是图书馆。里面有阿拉伯语和英文书，登记一下即可进去。随便转了下，竟然看到有中国名人录，能猜到封面有谁吗？邓小平、何振梁，这应该是阿联酋人眼里的中国吧。

> 在国外能看到自己国家的人会备感亲切的。

　　博物馆开辟了一个小角落，在那里有人在不停地编织阿拉伯衣物，也对外出售，妇女都戴着面罩，显然不是本地人，看她们那么辛苦觉得有些可怜。还有人问我要不要在手臂上绘制图案，呵呵，算了吧，好言谢过。还有一个咖啡馆，大概是平时人不多的缘故吧，工作人员大力向我推荐咖啡如何美妙。楼上的小放映厅，平时有些讲座，晚上有时会放映免费电影。不错哦。

　　草草的半个小时就游览了博物馆，到了下一站——民俗村。一个很小的村子，那里模拟阿联酋早期的居民生活。好奇怪啊，大门紧锁，轻轻地推小门，开了。村子里铺着黄沙，模拟沙漠腹地，搭着草棚，还有一头骆驼，开始的时候以为骆驼是摆设，突然发现骆驼头动了，很意外。一个人手拿一部相机，或自由地摆姿势自拍，或故作专业地探究一下异域民俗。意想不到

阿联酋

的是，出来了一个高个男人，说关门了。一头雾水，算了，在人家地盘，关门就关门，走吧。结果这个人却带我到各处介绍，还很热情地帮我拍照，半信半疑中，他让我拿起酒壶，勇敢地摸着骆驼头，留下了美妙的倩影哦。他是村子的工作人员了，耐心地带我到各个屋子里，边说边做动作地告诉我这里是原来洗澡的地方，那里是乘凉的，这个东西是喝茶点用的。按他的话说我应该很幸运，因为遇到了热心人。呵呵，原来我来的时候只看了时间，没注意周日休息。游览一圈，出门，和他告别，司机也觉得很意外。

接下来本来该去一个古堡，可惜啊，司机大哥带我从阿布扎比的西面到东面，原来古堡已没有踪迹，到了河边，当地人说这里就是曾经古堡所在之处。哎，司机说lulu岛很美，我们又从东面到了西面，却才发现去lulu岛的渡口就紧邻民俗村。懊悔？没有，权当做游览城市风貌。可惜，如今的阿布扎比到处在搞建设，据说华纳兄弟也要建个主题公园，还有法拉利，所以只能到商场买点回国的纪念品了。

其实，收集艾因的资料，发现那里的古迹、博物馆多些，沿途还可以让司机做下冲沙表演，不过想想任何事情不能太完美，所有的经历要有点缺憾才能有再来一次的动力啊。呵呵，留待下次吧。

小导游多多考考你

1.小朋友，看完这篇文章，你知道作者是按照什么顺序写的吗？

_____

_____

2.作者主要游览了哪几个地方？重点写了哪里？

_____

_____

小导游多多讲心得

去国外旅游也很有趣啊，我们可以按照游览的顺序来写。描写其他景物，我们还可以运用空间、时间的顺序来写。在写景、叙事的过程中我们要写出自己的真实感受，是喜欢还是厌恶要表达清楚，让人明白你的看法。

阿布扎比滨海大道

在阿布扎比有一条举世闻名的滨海大道，此滨海大道环绕着阿布扎比的海岸线，总长10多千米，大道旁不仅有高大的桉树、椰枣树和灌木树丛，还建有修整得各具风格的小花园、绿草地和喷水池，与路旁的湛蓝大海融成一片。

阿布扎比是阿拉伯联合酋长国的首都，也是阿联酋阿布扎比酋长国的首府。阿布扎比由海边的几个小岛组成，位于阿拉伯半岛的东北部，北临波斯湾，南接广袤无垠的大沙漠。人口66万。阿布扎比位于海湾南岸，气候却是典型的沙漠气候，年降雨量极少，平均气温在25摄氏度以上，夏季的气温可高达50摄氏度。绝大部分地区寸草不长，淡水奇缺。

> 数字的引用，具体而真实。

阿布扎比始建于1761年，最初的居民主要以采集珍珠为生。20世纪60年代后，特别是在1971年成立阿拉伯联合酋长国以后，随着石油的大量发现和开采，阿布扎比发生了翻天覆地的变化，昔日荒凉、落后的景象已经一去不复返。到80年代末，阿布扎比已建设为一座现代化的都市。市区内，风格各

阿布扎比滨海大道

异、式样新颖的高楼大厦林立，整齐宽阔的街道纵横交错。道路两旁，房前宅后，海边滩涂，青草茵茵，绿树成行。市郊，花园式的别墅和住宅鳞次栉比，掩映在绿树、鲜花丛中。高速公路穿过郁郁葱葱的树林，绿化草坪向沙漠深处延伸。至此滨海大道的雏形才开始建立，随着经济的发展，阿布扎比更加重视环境的发展，滨海大道在不知不觉中建立起来。

滨海大道环绕着海岸线，其周围的环境与大海融为一体，成为阿布扎比一道靓丽的风景线，漫步在海滨大道上仿佛走进了绿色的世界，花的海洋。

阿布扎比的海水，尤其值得一提。跟别处有些不同的是，从海滨望去，阿布扎比的海水在临近海堤处，竟呈现出别致的绿色，而不是我们常见的淡蓝色。要依次再往深海处，才会出现深绿、浅蓝到蓝色的大海。海水清亮得连海滩下的海藻和石头都清晰可见。在阿布扎比滨海大道的海边欣赏这渐变色的海洋，成为来阿联酋阿布扎比市旅游的游客们心中独特的记忆。

1.小朋友，你知道阿布扎比的海水有哪些独特之处吗？

_____

_____

2.读了本文，你有什么感想？

_____

_____

小导游多多讲心得

绿色的海水，美丽的滨海大道，亮丽的海边风景，构成了阿布扎比独特的风景线，也成了游客们心中独特的回忆，所以人们对阿布扎比滨海大道流连忘返。

泰国

小导游多多的资料袋

　　泰国是东南亚的一个国家，东临老挝和柬埔寨；南面是暹罗湾和马来西亚，西接缅甸和安达曼海。泰国，在世界上素有"佛教之国"、"大象之国"、"微笑之国"等称誉。泰国是亚洲重要的旅游国家之一，迷人的热带风情以及独具特色的佛教文化是吸引游客的重要因素。泰国是一个历史悠久的佛教国家，这个被称为"白象王国"的美丽国度，拥有独特的文化传统和民族风俗，如丰富多彩的各种节日，水上人家的清新生活，闻名于世的古典舞和民族舞，饶有趣味的哑剧和洛坤剧，别具一格的泰拳、斗鸡、玩鱼和美丽的人妖等，都令人"乐不思蜀"。

课文再现

　　《与象共舞》（人教版五年级下册）在泰国，大象和人类的关系是和谐的，这种和谐并非是人类在刻意地保护大象，而是大象已经融入了泰国人生活的方方面面，就像邻居一样。

小导游多多有话说 <<<<

　　嗨！大家好！我是你们的小导游多多，读了这篇文章，你是不是被聪明的大象吸引了呢，是不是很想去泰国看一看呢？下面就让我带领你们去泰国欣赏一下异域风光吧！

课外链接

浪漫风情的普吉岛

普吉岛——你美梦中的海岛，来到泰国南部这充满热带风情的天堂般的海岛，可令你美梦成真，在梦境中悄然避开尘嚣。

> 开门见山写出普吉岛的特色。

白皙的沙滩、荫翳的椰林、清澈的海水、参差在海中伫立的岩石……构成如梦如幻的普吉岛。普吉岛是东南亚具有代表性的旅游度假胜地，此岛形状似一颗椭圆的珍珠——安达曼海的珍珠，长48千米，宽21千米。它的魅力首先在于它那美丽的大海，岛的西海岸遍布原始乳白的沙滩。每个沙滩都有各自的优点和魅力，阳光普照之下，大大小小的海滩闪烁着安达曼海拍岸的浪花。

其实，普及岛的魅力还不仅仅是海滩。正如普吉的意思一样（马来语：山丘），岛上有很多山，在这里可进行的活动十分多样化，除各类水上活动，游客还可以在岛上乘坐出租车和摩托车探险，也可以潜水和乘坐游艇出海，或是打高尔夫球、骑马等。不同地点的度假酒店，都提供齐备的水上活动，包括帆船、潜水、钓鱼、滑水等其他运动。有一些设备齐全的海滩，设有潜水用品店，潜水爱好者可以尽情享用清澈的海水，欣赏各种珊瑚和海洋生物。

近年来，随着岛屿不断向超高级度假区方向发展，岛屿的面貌有所改观，在岛的北部，能见到广

普吉岛

阔的菠萝田和橡胶园。此外，岛上还保留着殖民地风格的家居建筑。自然景观方面，包括考拍吊国家公园，它是普吉岛上仅存的原始森林。此外，岛上还有很多美丽的游览景点，其中以蓬贴海角最值得一游，它位于普吉岛最南端，是欣赏日落景色的绝佳地点。当地自然生态资源丰富，蓬勃的旅游业是小心翼翼地发展的，因此并未破坏这些大自然资产。

其他引人入胜的地方，包括水族馆、珍珠养殖场及泰国村，村内每日两场民族文化表演，使参观者能进一步了解泰国南部的传统文化。另外，岛上有多个高尔夫球场，设在风光如画的环境中。

普吉岛上每年有数个节日庆典，其中十月份的九皇齐节最有看头，色彩缤纷，令人兴奋莫名，庆典持续九日，最高潮是信众参与的大游行活动。

1. 普吉岛的特色景观是什么？

_____

_____

2. 为什么普吉岛蓬勃的旅游业是小心翼翼地发展的？

_____

_____

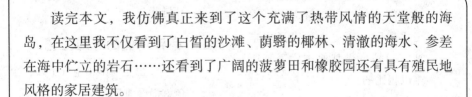

    读完本文，我仿佛真正来到了这个充满了热带风情的天堂般的海岛，在这里我不仅看到了白皙的沙滩、荫翳的椰林、清澈的海水、参差在海中伫立的岩石……还看到了广阔的菠萝田和橡胶园还有具有殖民地风格的家居建筑。

参考答案

P2　春游颐和园

1. 作者是按照游览的顺序写颐和园的。

2. 因为身边的山水阁楼景致太多，美丽的景色目不暇接，还因为头顶的苏式彩绘需要细细品味。

P4　鲁班帮修十七孔桥

1. 王大爷是一个心地善良的人。

2. 有关系。那个老头留下的这块龙门石砌在十七孔桥上，不偏不斜，严丝合缝，龙门合上了！

P8　我心目中的长城

1. 按照游览顺序。

2. 长城是我国古代劳动人民创造的奇迹。长城连续修筑时间之长，工程量之大，施工之艰巨，历史文化内涵之丰富，确是世界其他古代工程所难以相比的。

P10　山海关

1. 山海关位于华北与东北的交界处，北倚群峦叠翠的燕山，南接烟波浩渺的渤海。远古时期这里属幽州碣石，是中原与东北少数民族政治、经济交往的交通要道。到了中古时期，又成为兵家争夺的战略要地。

2. 作者的用意是要突出山海关的历史价值和魅力，表达自己对山海关的赞美之情。

P14　游秦始皇兵马俑

1. 我刚刚迈进一号坑，就被惊呆了；我们顺着小路慢慢往前走……我们已经到了二号坑的入口；直接走向了三号坑。我们又看了兵马俑的介绍，逛了逛小商店；回头再望望这古香古色的大门。

2. 因为从那些兵马俑各具特色的装扮，惟妙惟肖的神情等方面就可以看出人类的智慧和进步。

P16　秦兵马俑的彩绘工艺

1. 出土后由于空气干燥，颜色就慢慢地脱落了。

2. 陶俑整体色彩显得绚丽而和谐，同时陶俑的彩绘还注重色调的对比。陶马的色彩既逼真又艳丽，使静态中的陶马形象更为生动，更具有艺术魅力。

P20 莫高窟的千年壁画

1. 当发源于印度的佛教随丝路传入我国时，那时的敦煌，地处丝路南北三路的分合点，是一座繁华的都会，贸易兴盛，寺院遍布，融合了东西方艺术的佛教石窟也在敦煌生根、发芽。

2. 感受到了画家的激情和张扬的想象力，感受到了我国悠久的历史与灿烂的文化。

P22 敦煌莫高窟的由来

1. 这个贫僧心地善良，他凭着一张嘴和两条腿四处化缘，募集财物。化缘途中，他只是啃干馍，喝溪水维持生命需要，丝毫不动化缘来的银两。最后银两被盗，他的善举和虔诚或许是感动了老虎。

2. 他们都求佛祖保佑。

P26 天都峰探险

1. 按照游览的顺序来写了爬天都峰的经过。

2. 因为天都峰有黄山第一险山之名。

P28 鲫鱼背的传说

1. 天真善良无私。

2. 没有。最后小鲫鱼已改变了主意，他愿一辈子为天都峰

的游人服务，再也不想去跳什么"龙门"了。

P32 庐山云雾

1. 庐山云雾，瞬息万变，趣味无穷。

2. 庐山峰峦林立，峡谷纵横，构成了云雾滋生的天然条件。而江湖环绕的地理位置，又为庐山提供了生成云雾的充足水汽，水汽一旦碰上空气中的尘埃，就成了小水滴。数不清的小水滴就形成了美丽神奇的庐山云雾。

P33 庐山五老峰的传说

1. 不贪富贵，不计贫贱，自得其乐，舍己为人，无私奉献。

2. 提示：五位钓鱼的老者为了阻止鄱阳湖洪水，用自己的血肉之躯在江湖之间筑起一道屏障，这五位老人就化成了五个山峰。

P37 寻找梦中的五彩池

1. 按照游览顺序。

2. 提示：最美的风景在最危险的地方，因为只有不畏艰险奋勇攀登的人，才能达到最顶峰，欣赏到最美的风景！

P39 游九寨沟

1. 游览顺序。

2. 黄山归来后看别的山

就觉得不好看，只喜欢黄山风景；从九寨沟回来后看其他的水觉得没有九寨沟的好看。这是说黄山的风景最美，九寨沟的水最好。

P43 游览武夷山

1. 按照游览顺序。

2. 主要游览了好汉坡、虎啸岩、一线天、天游峰这几个地方。好汉坡山高坡陡；虎啸岩是一个天然的风口；"一线天"共有143米长，是由两块巨大的石头合并而成，只留下一条深达百米的裂缝，最窄的地方不过30厘米。天游峰景色奇特，每一块石头都值得品味。

P45 传说中的幔亭招宴

1. 山巅松柏接云青，石壁荆榛挂绿藤。万丈巍峨峰岭峻，千层悬削壑崖深。没有上幔亭的路。

2. 真是"珍馐百味般般美，异果佳肴色色新"。亭中天香袅袅，红烛高照。席间笙歌悦耳，弦管声谐。众仙、美姬舞姿翩跹，欢歌助兴。

P49 台湾夏威夷

1. 猫鼻头、鹅銮鼻

2. 其外形状如蹲伏的猫，因而取其名为"猫鼻头"。

P53 家乡的葡萄

1. 按照季节转换顺序描写葡萄沟的。

2. 葡萄的叶、花、果都各具特色，让人心生喜爱。

P54 吐鲁番的葡萄沟

1. 吐鲁番的景色美、葡萄有特色。

2. 在一家小饭店主人不仅让我们品尝了可口的牛肉拉面，而且送给我们满满一盘刚刚从院子里采下的马奶子葡萄。

P58 世界奇观钱塘江大潮

1. 交叉潮：两股潮在相碰的瞬间，激起一股水柱，高达数丈，浪花飞溅，惊心动魄。待到水柱落回江面，两股潮头已经呈十字形展现在江面上，并迅速向西奔驰。同时交叉点像雪崩似的迅速朝北转移，撞在顺直的海塘上，激起一团巨大的水花，跌落在塘顶上。

一线潮：未见潮影，先闻潮声，就像雾蒙蒙的江面出现一条白线。

回头潮：咆哮而来的潮水遇到障碍后将被反射折回，在那里它猛烈撞击对面的堤坝，然后以泰山压顶之势翻卷回头，落到西进的急流上，形成一排"雪山"，风驰电掣地向东回奔，声如狮吼，惊天动地。

2. 提示：对钱塘江大潮的喜爱赞美之情。

P60 **钱塘潮的故事**

1. 潮水一进杭州湾，就伸起脖子，"哗哗哗"地喊叫着，涨到钱大王坐过的地方，脖子伸得顶高，叫得顶响。这个地方就是如今的海宁。举世闻名的"钱塘潮"就是这样来的。

2. 钱大王力大无比，鲁莽，不畏权势。东海龙王软弱胆小。

P64 **雅鲁藏布大峡谷历险记**

1. 人间奇观，自然圣地。

2. 表达了作者对雅鲁藏布大峡谷和雅鲁藏布江的喜爱赞美之情。

P66 **雅鲁藏布江的传说**

1. 注重亲情、勇敢无私。

2. 你拥有最纯净的天空，最飘逸的云彩，最雄伟的雪峰，最漂亮的大拐弯，最丰富的宝库。我认为你太奇特了！最底下是热带雨林，中间温带，上面是寒温带，可山的另一边也就不同了，荒山秃岭，雪山高原，让人不可思议。

P70 **张家界游记**

1. 按照游览顺序。

2. 高空鸟瞰自是别有一种滋味在心头：山是刀削斧凿的铁骨净净的山；树是在岩壁里生长出的坚强傲立的树；天是明朗澄净一碧如洗的天。一伸手仿佛可以触及的白云在我们头顶悠然飘过，让人引发遐思无限。

P72 **张家界的小吃**

1. 糯米徽子、炒米、糍粑、蒿子粑粑、蓼叶子粑粑(哈皱粑)

2. 参考第三自然段。

P77 **我爱桂林**

1. 桂林的山奇、桂林的溶洞美、漓江的水真清、沙石具有经济价值。不仅有柔美的风景，更有慈母般的奉献精神。

2. 略。

P79 **梦幻象鼻山**

1. 领头的大象为了保护百姓被凶残的皇帝刺死化作了象鼻山。

2. 大象的鼻子伸入漓江形成水月洞。

P83 **游览美丽的天山**

1. 游览顺序。

2. 蒙古包、溪水、野花、野果；新疆人热情好客、溪水清凉、野花美丽多彩、野果香甜。

P84 **天山雪莲**

1. 名贵中药材。具有除寒、

壮阳、调经止血，治风湿性关节炎、外伤出血的功用。

2. 对雪莲适应高山恶劣环境的特性感到惊叹；对雪莲的美丽感到惊叹；对雪莲的药用价值感到惊叹。

P89 游黄河壶口瀑布

1. 按由远到近的顺序描写的。

2. 由于两岸高山挟持，河水犹如进入一个狭窄的瓶颈，由原来的300米遽然缩减至50多米，像水壶注水一样。

P91 黄河的民间故事

1. 一表人才、技艺高超、重情重义

2. 做人要像小伙子黄河那样有情有义，不能像员外那样不讲诚信。

P95 游览趵突泉

1. 游览的顺序。

2. 提示：做人要谦虚谨慎、踏踏实实，不能任意炫耀自己。如果是金子，总会发光的，不用任意炫耀。

P97 趵突泉的传说

1. 有孝心，大公无私，善良为民。

2. 示例：寰中之绝胜，古今之壮观——郦道元；海右此亭古，济南名士多——杜甫。

P101 游览黄果树瀑布

1. 按照游览的顺序写了黄果树瀑布美丽的景观。

2. 示例：我感受最深的就是作者独具特色的语言，真是洋洋洒洒、气势磅礴啊！

P103 黄果树瀑布传说

1. 正义善良无私、顾全大局。

2. 三国时代诸葛孔明南征的事件。

P107 游青海湖鸟岛

1. 时间顺序。可根据文章内容回答。

2. 提示：从青海湖鸟岛上人鸟和谐、鸟类众多方面说。

P109 青海湖裸鲤

1. 青海湖裸鲤。

2. 想尽千方百计、集中力量加入到保护裸鲤的行列中。如：号召家人和亲朋不吃这种鱼，呼吁有关方面提高水位，严禁捕捞，加强人工投放等。

P113 西湖游记

1. 按照时间顺序。

2. 湖水、青蛙、蟋蟀、灯光、游人

P117 北京——我最向往的地方

1. 长城、故宫、天安门广场。对北京的热爱赞美之情。

2.曾为五代都城。主要介绍了故宫、天坛、颐和园、圆明园、十三陵的历史价值。

P119 刘伯温智修北京城

1. 足智多谋、料事如神、神机妙算、杀富济贫的一代忠臣。

2. 提示：只是一个美丽的传说。表达了老百姓赞美忠臣、仇视奸商的心理。

P123 三亚之旅

1. 三亚很美。境内汇集了阳光、海水、沙滩、气候、森林、动物、温泉、岩洞、田园、风情等十大风景资源。如：三亚看落日真有诗意，夕阳滑落的景象美妙绝伦，一点儿也不比日出逊色。亚龙湾不愧为中国最好的沙滩……难怪有人一年要来上几次。

2. 它拥有全海南岛最美丽的海滨风光。三亚市旅游资源得天独厚，是海南省风景名胜最多而又最密集的地方，它不仅具备现代国际旅游五大要素，而且还拥有河流、港口、温泉、岩洞、田园、热带动植物、民族风情等各具特色的旅游资源，在国内外堪称一绝。

P125 阿诗玛的传说

1. 阿诗玛美丽、忠于爱情；阿黑勇敢、爱憎分明，向往纯洁的爱情。

2. 示例：阿诗玛，你是美丽善良的，你永远活在人们心中。你是幸福的女神，愿世间男女能得到你的祝福。

P128 烟台看海

1.沙滩、石子、海蟹、海星

2. 还与人工建设保护有关。因为精致的建筑和繁茂的花木，自然与人工的美景在这里得到了最完美的交融。

P130 八仙过海的传说

1. 示例：我最佩服汉钟离。

2. 当虾兵蟹将掀起海潮淹没七仙的时候，汉钟离挺着大肚子，飘飘然降落潮头，轻轻煽动蒲扇。只听"呜……忽……"一声，一阵狂风把万丈高的大潮和虾兵蟹将都煽到九霄云外去了，吓得四大天王连忙关了南天门。你看他多厉害啊！

P134 上海东方明珠游记

1. 按照由远到近的顺序。

2. 东方明珠详写；上海国际会议中心、金茂大厦略写。

P135 **东方明珠塔**

1. 喜爱赞美之情。

2. 采用空间顺序来具体说明东方明珠塔。

P139 **难忘的香港之旅**

1. 按照游览的顺序。

2. 迪士尼乐园。

P141 **香港地名由来**

1. 四种传说。

2. 示例：我认为第四种最合理。因为香港很早就是一个贸易都市。沙田、大埔一带是"莞香"的著名产地。因香产丰盛，这里的香市贸易也十分发达。

P144 **拉萨之旅**

1. 按照游览的顺序。

2. 它是一座融宫殿、寺宇和灵塔于一体，规模浩大的宫殿式建筑。拉萨用她世间最美的阳光打造这座神圣之宫，万里晴空，白云朵朵，布达拉宫更像镶嵌在其中的图画。

P147 **春节为什么吃饺子**

1. 吃饺子取"更岁交子"之意，"子"为"子时"，交与"饺"谐音，有"喜庆团圆"和"吉祥如意"的意思。

2. 略。

P148 **春节的传说**

1. 每到这一天晚上……挤坐在一起闲聊壮胆。

2. 示例：放焰火、吃饺子、敲锣打鼓、踩高跷等。

P152 **空中的阁楼**

1. 村落随吐峪沟河谷两岸依山坡民居的增加而自然形成。小巷两旁的民宅，均为顺应需要和地形自然构筑，虽然其相貌平平，甚至有些古老、原始。每户民居庭院的顶部都修有高大的屋顶，四周和屋顶均有通风的窗洞及天窗。不少的屋顶上方有用土坯砌制的四壁设有通风孔的晾房，为挑选和晾晒葡萄干提供了宽阔的空间。个别屋顶上方同时还搭有凉棚，为会客、纳凉提供了场所。

2. 早在两千多年前就有了以交河古城为代表的挖土或半穴居建筑，发展到后来变为下沉式窑洞建筑，到了近代，演变为"下窑上屋"土坯砌拱顶的民居。

P154 **怒族民居**

1. 干栏式竹楼、木楞房、土墙房几种。

2. 干栏式竹楼是根据怒江大峡谷山高坡陡的特点，依山就势建造的。居住在怒江峡谷的怒族因为山高坡陡，基本上无法建造平房，所以在修建房屋时只好依山而立，盖成楼房。靠山一面，就以山地支撑，背山一面，或用柱、或用墙支撑，楼上住人，楼下关养家禽牲畜。楼下的墙面随着房柱并排木桩，稀稀疏疏。"千脚落地的房子"的俗称也就是因此而来。

P158 安塞腰鼓

1. 豪迈粗犷的动作变化，刚劲奔放的雄浑舞姿，充分体现着陕北高原民众憨厚朴实、悍勇威猛的个性。"文腰鼓"轻松愉快、潇洒活泼，"武腰鼓"则欢快激烈、粗犷奔放。

2. 安塞腰鼓表演可由几人或上千人一同进行，磅礴的气势，精湛的表现力令人陶醉，所以被称为天下第一鼓。

P160 腰鼓与驱瘟的传说

1. 源于周朝周文王时期。

2. 周代、战国，人们用腰鼓驱疫避邪。秦时，根据节令时气大兴祭天，两汉活动更盛。

P164 元宵节的来历

1. 元宵节是中国的传统节日，早在2000多年前的西汉就有了，元宵赏灯始于东汉明帝时期，明帝提倡佛教，听说佛教有正月十五日僧人观佛舍利，点灯敬佛的做法，就命令这一天夜晚在皇宫和寺庙里点灯敬佛，令士族庶民都挂灯。以后这种佛教礼仪节日逐渐形成民间盛大的节日。

2. 起初，人们把元宵这种食物叫"浮圆子"，后来又叫"汤团"或"汤圆"，这些名称与"团圆"字音相近，取团圆之意，象征全家人团团圆圆，和睦幸福，人们也以此怀念离别的亲人，寄托了对未来生活的美好愿望。

P166 中国的花灯

1. 龙灯、宫灯、走马灯、纱灯。

2. 示例：我最喜欢宫灯。因为上面有丰富的彩绘。造型也十分丰富。

P170 美妙的波兰之旅

1. 按游览的顺序。

2. 很感动。一份心灵固有的沉静使他们的精神得到了锤炼，普通中造就了伟大。作者的心灵也受到了锤炼、洗礼。

P172 波兰建国的传说

1. 波兰、捷克和俄罗斯。

2. 因为在选择领地时看到了在夕阳下的天空中向上高飞

的白鹰。

P176 荷兰的风车

1.运用风力发电。

2.如果没有这些矗立在宽广地平线上的抽水风车，荷兰无法从大海中取得近乎国土1/3的土地，也就没有后来的奶酪和郁金香的芳香，更没有今天日益增多的环保能源。

P178 郁金香的故事

1.风车、奶酪、木鞋、郁金香。

2.黑色郁金香。

P181 威尼斯的夜

1.在里亚托桥附近的运河两岸有许多间烛影闪烁的餐馆，考虑到入夜后的寒冷，餐桌之间大都放置了点燃的暖炉，在这里一边用餐，一边眺望欣赏运河上过往船只明灭的灯火和装束奇特多姿的游人，着实有另一种风情。

2.因为威尼斯的夜是漆黑深邃，神秘诡异，充满种种意外和惊喜，令人甘受诱惑而又陶然其间。

P183 水城威尼斯

1.它是连接总督府和监狱的一座封闭式的巴洛克风格的桥。还有一个很无奈的名字。

2.是一种月牙形的黑色平底

小船。

P186 博茨瓦纳游记

1.按照游览的顺序。

2.这里虽然经济发达，但是空旷偏僻、闭塞，他们没有看到过黄色人。

P188 奇妙世界撒哈拉

1.有奇特的"沙漠釉漆"、千姿百态艺术山、世上最贵的树。

2.值得。不仅仅是保护那一株树，更重要的是延续一种献身精神。

P192 音乐之都维也纳之旅

1.在由机场去维也纳市区的高速公路上两边是大片的绿色林带，芳草茵茵，路面洁净得像客厅。具有奥地利传统风格的建筑物、圆形罗马建筑和尖顶的哥特式建筑，闪现在绿色环抱之中，相互辉映。

2.有5座。莫扎特、贝多芬、约翰·施特劳斯、海顿、舒伯特

P194 维也纳森林的故事

1.音乐具有一种神奇独特的艺术魅力，它能使人沉浸在美丽的幻想之中。

2.对这首圆舞曲的热爱赞美之情。

P198 **阿联酋游记**

1.游览顺序。

2.博物馆、民俗村、古堡。重点写了民俗村。

P200 **阿布扎比滨海大道**

1.从海滨望去，阿布扎比的海水在临近海堤处，竟呈现出别致的绿色，而不是我们常见的淡蓝色。要依次再往深海处，才会出现深绿、浅蓝到蓝色的大海。海水清亮得连海滩下的海藻和石头都清晰可见。

2.这座现代化大都市发展迅速，绿化独具特色，真是令人感动。这座城市濒临大沙漠，竟然成了绿色的世界，花的海洋。可见人们对环保的重视程度。

P204 **浪漫风情的普吉岛**

1.白皙的沙滩、荫翳的椰林、清澈的海水、参差在海中伫立的岩石……构成如梦如幻的普吉岛。

2.贵国政府在发展旅游观光方面注重保留原生态的东西。如：近年来，随着岛屿不断向超高级度假区方向发展，岛屿的面貌有所改观，在岛的北部，能见到广阔的菠萝田和橡胶园。此外，岛上还保留着殖民地风格的家居建筑。自然景观方面，包括了考拍吊国家公园，它是普吉岛上仅存的原始森林。